Johann Georgs neue Heimat

sei. Und so wurden diese herrlichen, markanten Merkmale der in Merian-Stichen festgehaltenen Befestigungswerke von Hornberg geschleift. Schade, sei's drum, dachte sich Johann Georg, fand er doch in den kleinen Nebenstraßen und Gassen eine Fülle von malerischen Ecken, die er sich vornahm, in seiner freien Zeit zu fotografieren oder gar zu zeichnen.

Zwei Freunde hat er sich recht rasch erworben, der kleine Johann Georg, denn beide waren warmherzige Menschen, die unwillkürlich das Bedürfnis hatten, dem zu klein geratenen Menschen ihre Hilfe anzubieten. Es war die Schwester Katharina Huthmacher, die den kleinen Fotografen bei seinen Rundgängen freundlich ansprach. Ihre Kinder im Kindergarten waren es, die schon bald berichteten, daß ein ‚Zwergle' im Städtchen die Runde machte. Schwester Kathrin hatte natürlich den Kindern erklärt, warum das Zwergle so klein geblieben war, und ihn in aller Form gegen den möglichen Kinderspott in Schutz genommen. Die Schwester Kathrin war übrigens eine der anerkanntesten Persönlichkeiten im ganzen Städtchen, segensreich, unermüdlich tätig, und sie auf seiner Seite zu wissen war dem Johann Georg ganz wichtig. Auf seine Frage hin, wer denn in Hornberg ein ordentlicher Stadtphysikus sei, stellte die gute Schwester Kathrin ihn bei ihrem Lieblingsdoktor vor, einem schmalen, großgewachsenen Doktor, der im Städtchen als sehr tüchtig angesehen war.

Es war der Doktor Alex Jäckle, der nur ein paar Häuser weiter an der Gutachbrücke im Arzthaus wohnte. Es sollte der Beginn einer lebenslangen Freundschaft werden, der lange, schlaksige, gerade vierzig Jahre alt gewordene Städtledoktor und der kleine Johann Georg. Bald saßen sie in der Ordination im unteren Teil der Werderstraße und unterhielten sich über ihre Arbeit und über das, was sie in Hornberg schon erlebten oder antreffen würden. Jetzt kannte er schon drei Persönlichkeiten des Städtchens, den pfiffigen Bürgermeister Vogel, die Schwester Kathrin und den Alexander Jäckle.

Und dort erfuhr er, daß er noch einige Besuche zu machen habe, die ihm am ehesten Aufträge beibringen konnten. Er müsse noch hinauf zum Johann Stellhammer, dem Bürgermeister der kleinen Bauerngemeinde Niederwasser, denn hier gab es sicherlich die meisten Traditionen bäuerlicher Art, die zu fotografieren seien, meinte der Alex Jäckle, der einen großen Gefallen an diesem kleinen Mann gefunden hatte. Und da gab es oben am Berg, nicht weit weg von der Hornberger Gemarkung, noch den Hirzbauern, den dicken Jakob Aberle, der als Bürgermeister der Gemeinde Reichenbach fungierte und den er klugerweise ebenfalls aufsuchen sollte, um ihm den neuen Fotografen anzuempfehlen.

Und dann meinte der Alex Jäckle noch, daß es sicher sinnvoll wäre, auch dem Amtsvorsteher des badischen Bezirksamtes in Triberg einen Besuch abzustatten, keinem geringeren als dem Hermann von Rotteck, der schon seit einer gewissen Zeit amtete und als Freund und Kenner der Kunst des Schwarzwaldes sich einen Namen gemacht hatte. Er stamme aus der großen Familie derer von Rotteck, und der berühmte Staatsrechtler aus Freiburg gehöre zur selben Familie.

Die ersten Tage vergingen so im Gespräch mit den Verantwortlichen im Städtchen. Der Dekan Max Roth wurde ein paar Tage später auch ein großer Bewunderer seiner Kunst, als er ihm erstmals Bilder von Hornberg, seiner Umgebung und seiner Kirche zeigte. Im allgemeinen wich jetzt langsam die Scheu vor dem kleinen Mann, und recht bald wurde er bereits auf der Straße gegrüßt wie ein schon alteingesessener Hornberger Bürger. Die Kinder, die wie alle Kinder auf der Welt einem kleinwüchsigen Zwerg keinen Respekt entgegenbrachten, wurden von ihren Eltern bald angehalten, vor diesem Mann, wenn er auch nur so groß wie sie oder vielleicht sogar kleiner war, die Mütze zu ziehen und ihn höflich zu grüßen. Der Dekan Roth war es auch, der dem Johann Georg den Weg in die anderen Pfarrhäuser bahnte bis hinunter nach Gutach und sogar zu dem damaligen Konkurrenten, dem katholischen Pfarrer Albert Rieser, mit dem er bald einen recht freundlichen Verkehr pflegte.

Die Antrittsbesuche waren getan, die ersten Hochzeiten und Beerdigungen abgelichtet, aber bei Johann Georg stellte sich noch keine Zufriedenheit ein. Er wollte weiß Gott nicht nur ein Berichterstatter von lokalen Dingen werden, also eine Art Reporter, sondern er fühlte sich als Künstler und Fotograf und hatte sich überdies noch das Handwerk des Konservierens angeeignet, an dem er aufgrund seiner Naturverbundenheit hing. Wie konnte man dies alles unter einen Hut bringen? Johann Georg wälzte diese Gedanken in sich hin und her, denn die paar wenigen Gelegenheiten der Städtlefotografie reichten weder zum Leben noch zu seinem inneren Frieden. Ein bescheidenes Dasein wäre auch mit der Fotografie von Bauernhochzeiten zu verdienen gewesen, aber es genügte ihm nicht, das allein war nicht seine Welt. Und wenn er so vor seinen zahlreichen Bildern saß, die er in den letzten Jahren verfertigte, so wurde ihm klar, daß sie sehr gut waren und es verdienten, in größerer Stückzahl unter die Menschen zu kommen. Im Augenblick war es doch so, daß der Fremdenverkehr im kleinen Städtchen immer mehr anfing, Blüten zu treiben. Jeden Tag, wenn er am kleinen Bahnhof vorbeiging, sah er die zahlreichen Kutschen der Hotels mit ihren aufgemalten Namen, dem Bären, dem Schloßhotel, der Krone und wie sie sonst noch alle hießen, und davor standen die Dienstleute mit ihren schmucken Schildmützen, bemüht, die fremden Gäste höflich, aber bestimmt in ihre Unterkünfte zu fahren. Dazwischen standen die Wibervölker mit ihren frisch gestärkten Schürzen, welche die Damenwelt, die in Hornberg in großer Anzahl aus den Zügen einfiel, gleich in gebührenden Empfang nahmen. Also ging er mit dem Gedanken umher, es müsse sein Geschäft noch eine andere Grundlage haben.

Gerade eben war wieder ein widerwärtiger Zwist im Städtchen, der auch als Neubürger zu seinen Ohren gekommen war. Die Anhänger der ‚Fabrik' standen sich unversöhnt den Gegnern der letzteren gegenüber, eine Zwistigkeit, die es wohl nur hier im Städtchen gab. Was war der Hintergrund? Der frühere Bürgermeister und Fabrikbesitzer Horn war ein mächtiger, für viele Gegner ein zu mächtiger Mann geworden, der seine Arbeiter in der Steingutfabrik auch im politischen Sinn hinter sich geschart hatte. Und diese beiden Gruppen im Städtchen gingen aufeinander los, so daß der Frieden empfindlich gestört war und für Johann Georg nur das herausschaute, daß im Augenblick niemand Zeit und Freude daran hatte, große, zu fotografierende Familienfeste zu feiern. Dann gab es da noch den Ärger zwischen den Patienten von Herrn Dr. Jäckle, seinem neuen Freund, und dem Dr. Vollmer, und er, Johann Georg, tendierte natürlich zu seinem neuen, verständnisvollen Freund in der Werderstraße. Die Bürgerschaft stand trotz wiedergewonnenem Frieden sich nicht freundlich gegenüber.

Unten an der Hauptstraße planten die katholischen Bürger eine kleine Kirche, und die evangelische Gemeinde ließ es nicht zu, oder zumindest jetzt noch nicht: Ein weiterer Riß mitten im idyllischen Schwarzwald. Er hatte doch eben den Pfarrer von Niederwasser besucht und ihn als einen liebenswerten Mann kennengelernt. Jetzt erfuhr er im Mohren, daß eben nämlicher Pfarrer bei der letzten Reichtagswahl durch sein ultramontanes Getöse im Kulturkampf sich die Sympathien aller Protestanten in Hornberg verscherzt hatte, also gab es vorerst keine katholische Kirche. Die Fabrikpartei erreichte Sieg um Sieg bei den Bürgerschaftswahlen, und die Antifabrikpartei wehrte sich nach Kräften.

Kurz nachdem Johann Georg im Städtchen angekommen war, siegte die Fabrikpartei über die Antifabrikpartei und stellte eben jenen freundlichen Matthäus Vogel von der Tschira-Fabrik als Bürgermeister vor die Gemeinde.

Der Streit der großen Welt, der gerade eben mit dem deutsch-französischen Krieg endete, setzte sich in den kleinen Gemeinden fort, sehr zum Mißfallen

Johann Georgs. Aber dann las er wieder in der Zeitung, daß die Eigenschaften des neuen Bürgermeisters außerordentlich gut seien, er sei maßvoll, leidenschaftslos, und es gelänge ihm, die Bürgerschaft zu versöhnen und die dauernde Entzweiung zu verhindern. So stand es zumindest in der Zeitung, aber an den Biertischen im Mohren, im Bären oder im Adler klang das Ganze anders.

Johann Georg lehnte sich erst einmal zurück, und nachdem er viele Menschen gesprochen hatte, war sein Entschluß gefaßt, daß er auch ein Städtebürger dieser Gemeinde werden wollte, wenn auch die Streitereien – offenbar wie überall – seine alltägliche Arbeit beeinträchtigen würden. 1889 wurde er Hornberger Stadtbürger[9], nachdem er sich einige Zeit in seinem Metier nach Aussage der Gemeinde sehr bewährt hatte.

Über hundert Mark mußte er dafür bezahlen, daß er jetzt ein Hornberger war.

Je mehr und länger er an der Werderstraße seinen Dienst tat, den hölzernen Kasten schulterte und Aufnahmen auf allen Straßen und Plätzen der Stadt anfertigte, er wurde nicht reich.

---

[9] Die Einbürgerungsurkunde liegt noch vor Johann Georg Fleig hatte sich offensichtlich in den ersten Jahren seiner Tätigkeit gar nicht darum gekümmert oder man hatte sie ihm vorenthalten.

Nun, was verdiente der Bürgermeister Vogel, sein Freund, im Jahr? In den städtischen Diensten verdiente Matthäus Vogel 1.000 Mark, der Ratsschreiber Ringwald hingegen schon 1.200 Mark. Der Waldhüter Schondelmaier und der Waldhüter Müller bekamen je 500 Mark und die Nachtwächter Ziegler und Engesser je 180 Mark. Der Wegwart Hauser und der Wegwart Kienzle standen mit 200 Mark auf den Lohnlisten des Städtchens, und damit war auch die Personalbezahlung beendet. Johann Georg überlegte, was er in letzter Zeit wohl verdient hatte und kam auf einen Betrag, der deutlich unter dem des Bürgermeisters und schon ganz gewiß unter dem des Ratsschreibers stand.

Es galt jetzt in Baden die uneingeschränkte Gewerbefreiheit, und zwar schon seit 1862, und jetzt konnte er doch auch ein weiteres Gewerbe eröffnen. Ein weiteres Gewerbe? Johann Georg überlegte hin und her und war sich noch nicht sicher.

Er war ein Städtlebürger geworden, und jeden Morgen brachte ihn sein Weg hinunter zum Wöhrle Fritz, dessen Würste ihm genauso schmeckten wie das Brot vom Schmidt-Beck und der vielen anderen Bäckermeister in Hornberg. Johann Georg lebte allein in seiner Werderstraßer Wohnung und hatte nur ein älteres Wibervolk, das ihm seine Haushaltung machte, während er auf seinen weiten Touren mit Kamera und Dreibein unterwegs war.

Der Bestand seiner Bilder aus dem Städtle und den umliegenden Dörfchen wuchs ständig, und die Bilder waren von einer erlesenen Qualität. Ob er dabei war, die malerischen Winkel des Städtchens zu fotografieren oder die Bauern oder Handwerker bei ihrer Arbeit abzulichten, immer kam etwas ganz Besonderes heraus: Das Handwerkszeug, die Kleidung, die Umgebung, all das war natürlich wichtig, aber Johann Georg versuchte den Geist dieses Gewerbes oder der bäuerlichen Arbeit zu erfassen und in seine Bilder zu bannen.

Es gelang ihm, meisterhaft und lebensnah.

Im ganzen Städtchen war er so bald bekannt und ein gern gesehener Gast, wenn er plötzlich mit seinen trippelnden Schritten, mit Kamera und Dreibein hoch bepackt in irgendeinem Winkel des Städtchens oder in einem Gewerbebetrieb auftauchte, um dort Bilder zu machen. Sein kleiner Wuchs tat das übrige hinzu, dem Johann Georg Fleig nichts zu verwehren.

Und so war er bald bei den Webern, den Färbern und den Hutmachern zugange und hielt sie auf seinen Glasplatten fest. Auf den Höfen fotografierte er die Herstellung von Hanf, Flachs und Wolle, und auch das Spinnen war ihm viele Bilder wert. Eine Menge Weber gab es nämlich damals noch im Städtchen, der Offenbach-Weber, der Igelloch-Weber, der Kräh-Weber und der Taubenbach-Weber, und bei allen war Johann Georg gewesen, um ihr Handwerk für die Nachwelt festzuhalten. Die Produkte dieser einfachen Menschen war nicht die feine städtische Kleidung, die immer mehr von den Großstädten im Rheinland auch nach Hornberg kam, sondern es war der Zwillich, ein dicht gewebter, geköperter Leinenstoff, aus dem Hosen gefertigt wurden, und Wiefel, ein halbwollenes, feines Tuch für Frauenröcke. Der Zwillich wurde meist blau, der Wiefel schwarz eingefärbt, und wenn dies auf den Bildern von Johann Georg nicht richtig zur Darstellung kam, färbte er auch die Bilder nach dem Ergebnis der Weber. Wie oft war er unten in der Schondelmaier-Fabrik, dem Hauptfärber in der Hauptstraße und an seiner Walke, um dort das fertige Produkt sehen und fotografieren zu können. Bilder gibt es vom mächtigen Balken- und Räderwerk der Mang[10]. Großartige Bilder hat er gemacht, wenn die Farbenwünsche der Kunden die Werkstücke in insgesamt acht große, mächtige Bottiche tauchten. Diese Färber waren sowieso ein lustiges Völkchen, und er schätzte die Originalität der Handwerker ganz besonders …

Neben dem Gasthaus Zur Rose, in dem Johann Georg Fleig besonders gern seinen Abendschoppen nahm, war sein Lieblingsschneider zu finden, der ‚Pa-

---

[10] Mangel.

Johann Georgs neue Heimat

riser Schnider' Christian-Friedrich Reutter, der sich bald mit dem kleinen Johann Georg anfreundete und ihm seine sehr kleinen, besonderen Jacken und Hosen nähte. Und so saß Johann Georg recht häufig abends, umgeben von den Handwerkern des Dorfes, meist in der Rose oder bei den Bauern im Mohren und wenn es hoch kam im alten Bären zusammen mit den Meistern und trank seinen Schoppen. Was aber Johann Georg in Hornberg am meisten freute, war die ausgedehnte und meisterliche Tätigkeit der Schnitzer. Über hundert Leute dieses Berufes waren im Städtchen tätig, und zwar von den einfachsten Uhrenschnitzern bis zu den bedeutenden Holzbildhauern. Da wurden Masken für die Fasnachtszeit geschnitzt, allerdings mehr für die katholische Umgebung als für das noch streng evangelische Hornberg, in dem die Fasnachtsvergnügungen nicht gern gesehen wurden. Also hing man die Masken im evangelischen Hornberg recht gern unter die Dachgiebel oder die Balkonaufbauten. In der Hauptsache waren es aber die Kuckucksuhren, die im Städtchen verkauft wurden.

Es ging nicht lange, da lernte er auch Karl und Wilhelm Lehnis kennen, zwei geniale Brüder, die dieses Metier in Hornberg meisterhaft beherrschten. Johann Georg verstand von diesem Handwerk weiß Gott sehr viel, war er doch in einem Uhrmacherhaus aufgewachsen, und sein Bruder stellte in kleiner Stückzahl auch heute noch Uhren des hohen Schwarzwaldes her, und Pate Mattäus Fleig vertrieb sie doch in die ganze Welt. Hier in Hornberg hatte er jedoch eine regelrechte Fabrikation im großen Stil vorgefunden.

Trotzdem war die Zeit beschaulich, und Johann Georg fand die Hornberger Holzschnitzer meist am Montag samt und sonders in den Wirtshäusern wieder, mit ihren malerischen, blauen Leinenhemden und ihrer Zipfelmütze, wenn sie ihren ‚blauen Montag' feierten, eine von ihren Arbeitgebern hart erkämpfte Freiheit und Errungenschaft. Manch ein Original konnte er fotografieren, wenn er beim Politisieren, ‚Dischkurieren' oder beim Kartenspielen in der Rose oder im Mohren saß.

Kapitel 9 –
Johann Georg und sein Verlag

Der stille, kleine Mann aus der Werderstraße war jetzt schon eine respektable Persönlichkeit geworden, und jedermann im Städtchen kannte ihn und noch mehr seine Arbeit. Die herrlichen Schwarzwaldbilder und die dazugehörige Person des kleinen Zwergs aus der Werderstraße waren bald in den Herzen der Städtlebürger verankert. Kaum eine Ecke im Städtchen, in der er nicht schon gewesen war und still und bescheiden, meist wortkarg, seine Kamera samt dem Dreifuß aufgestellt hatte und oft lange hin- und hertrippelte, bis endlich alles soweit war, daß er es in seinem Kasten buchstäblich verewigt hatte. Anfänglich hielt man den Beruf des Fotografen nicht für sehr zukunftsträchtig, aber seit Johann Georg seinen kleinen Verlag gegründet hatte und die Fremden allenthalben in seinen Laden stürmten, wo inzwischen Angestellte dabei waren, die herrlichen schwarz-weißen Postkarten sortiert den Wibervölkern vorzulegen, war es anders geworden. Der Verlag Johann Georg Fleig fing an zu prosperieren, und seine Bilder wurden gerne in immer größeren Stückzahlen geordert. Der Adolf Kammerer, sein Nachbar in der Werderstraße, war's mit den Druckplatten zufrieden, die er alle Monate neu bekam, und die Bildproduktion lief zu aller Zufriedenheit.

Johann Georg war längst nicht mehr in der Lage, all dies, was er sich eingefädelt und vorgenommen hatte, allein zu machen, davon hielt ihn schon seine Körpergröße ab. Also schaute er sich nach einigen Mitarbeitern um, die er auch bald fand. Und so wurden in dem Fotolabor an der Gutach einige weitere Räume eingerichtet, in denen bienenfleißige junge Frauen saßen, welche die Kupferdruckplatten und die Stahldrucke besorgten, die Johann Georg von seinen Glasplatten übertragen ließ, um sie dem Adolf Kammerer hinüberzugeben, der dann respektable Postkarten daraus machte.

Es war ihm aber nicht genug, nur herkömmliche, schöne, schwarz-weiße Aufnahmen herzustellen, sondern er fing an, damit zu experimentieren, ob es nicht viel besser farbig ginge, denn der Geschmack der damaligen Zeit verlangte es geradezu, die Idylle des Schwarzwaldes in all den herrlichen Farben zu reproduzieren. Johann Georg merkte bald, daß dies ein Zeichen der Zeit war, und mit wenigen Vorbildern aus der Technikliteratur der damaligen Zeit war er einer der ersten, der anfing, die schwarz-weißen Karten zu kolorieren. Und jetzt offenbarte sich das wahre

Johann Georg und sein Verlag

Können dieses buchstäblich kleinen Meisters: Sobald er mit dem Drucker Adolf Kammerer klargekommen war, daß er Farbdruckmaschinen so einzurichten hatte, daß seine herrlichen kleinen Schwarzwaldidyllen auch in den Farben produziert werden konnten, die er, Johann Georg gern hätte, war das Eis gebrochen. Die farbigen Kunstdrucke und Postkarten fanden einen reißenden Absatz, und das nicht nur im heimatlichen Städtchen, sondern weit darüber hinaus. Johann Georg wunderte sich jeden Morgen, wenn ihm der Postbote Anfragen aus dem halben Reich überbrachte und bei ihm ganze Ansichtsserien nachgefragt wurden. Er hatte wirklich eine echte Nische gefunden, in welcher der kleine Mann ganz plötzlich zu einem großen wurde, nämlich dem Inhaber des Verlags Johann Georg Fleig in Hornberg. Und der blühte innerhalb weniger Jahre zu ungeahnter Höhe auf.

Der Adolf Kammerer wurde mehr und mehr sein ‚Schweizerdegen'[11], ein Beruf, der nicht zuletzt mit den Anforderungen seines kleinen Nachbarn zu tun hatte. Er mußte nun die Kunstwerke, die aus der Werderstraße 31 in die Werderstraße 17 kamen, mit der größten Akribie und Sorgfalt weiter verarbeiten.

---

[11] Setzer und Drucker gleichzeitig, insbesondere wichtig für die künstlerische Gestaltung der Druckergebnisse.

Darauf legte der kleine Johann Georg Fleig besonders Wert. Fast jeden Rohling seiner Ansichtskarten wägte er in seiner Hand hin und her, prüfte ihn bei allen möglichen Lichtverhältnissen und befand ihn für würdig, reproduziert zu werden oder nicht. Wie gesagt, Johann Georg Fleig wußte über den Wert seiner Arbeit bestens Bescheid, und er hatte sich daher etwas ausgedacht, nämlich jede einzelne seiner Karten mit seinem Namen zu signieren und manchmal auch noch ein Wort dazu zu fügen, nicht unähnlich einem Künstler, der sein Bild signiert, datiert und benennt. Die besonders schönen Exemplare, die er auch zum Kauf feilhielt, besaßen am Unterrand noch seine Unterschrift mit einem Firmensigel, kunstvoll ineinander geschwungene Buchstaben seiner Initialen: J. G. F. Der Adolf Kammerer und seine Frau bedienten die Handpresse, und als es auch dort wegen der guten Auftragslage aus dem Nachbarhaus zuviel wurde, stellte man Druckereigesellen und Lehrlinge ein, die einzig und allein die Druckprodukte des Hornberger J. G. F.-Verlages fertigten.

Es war eine freundliche Symbiose zwischen den beiden Nachbarn, und der kleine Johann Georg wurde kraft seines überlegenen Geistes und seiner Kunstfertigkeit bald zu einem regelrechten Wirtschaftsfaktor. Das Publikum wurde immer zahlreicher, und manche Extrapost verließ das Städtchen mit

Johann Georg und sein Verlag

Kartonagen, in denen die herrlichen Bilder und Kunstdrucke des Johann Georg sorgfältig eingepackt waren und ins Reich verschickt wurden.

Bilder waren in der damaligen Zeit noch nicht so viele auf dem Markt, sie wurden mit großer Liebe und Sorgfalt angesehen, und nicht selten wanderten Johann Georg Fleigs Karten in einen Rahmen neben dem Herrgottswinkel in einer Bauernstube oder wurden, schlicht mit einem Reißnagel befestigt, auch in den Gesindestuben gefunden, so sehr entsprachen sie dem Geschmack der Menschen und der Wirklichkeit des bäuerlichen und handwerklichen Lebens aus dem späten 19. Jahrhundert. Johann Georg Fleigs Bilder waren innerhalb von ganz wenigen Jahren mit ein Grund dafür gewesen, warum das kleine Hornberg mit seiner großen und alten Geschichte hinausgetragen wurde in die damalige Welt des neuen Kaiserreichs.

Ganz besonders hatten es die großen Abzüge mit den Kolorierungen den Menschen damals angetan, denn Farbfotografie oder dergleichen war nicht bekannt, und so erschien den meisten Betrachtern ein farbiges Bild am ehesten noch einem Gemälde vergleichbar zu sein. Farbbilder waren natürlich auch etwas teurer, und dieser Betrag wurde gerne bezahlt, um sich so etwas mit nach Hause nehmen zu dürfen. Farbbilder waren in der damaligen Zeit gleichbedeutend mit Unikaten, denn sie waren noch selten, und jedermann vermutete dahinter eine Fülle von Handarbeit, was auch in Wirklichkeit so war.

Der kleine Johann Georg war nun ein geachteter Geschäftsmann geworden und Schneidermeister Reutter tat das seine dazu, um dem kleinen Mann die passende Bekleidung zu schneidern, so daß aus dem kleinen Zwerg bald ein eleganter kleiner Zwerg wurde, und der Hutmacher Wilhelm Christian Schweikert verpaßte ihm eine große, schwarze Melone, die bald neben seiner kleinen Figur zu seinem Markenzeichen wurde.

Ein anderes Markenzeichen neben den bereits bekannten hatte er sich machen lassen: Überall im Städtchen waren die verschlungenen drei Buchstaben J. G. F. bekannt und respektiert, und jeder dachte beim Auftauchen dieser Buchstaben oder seines schön geschwungenen Namens über dem Laden in erster Linie an einen respektierten, tüchtigen Bürgersmann und nicht an einen kleinen, hilflosen Zwerg. Er war bald im Städtchen nicht nur als Künstler und Fotograf bekannt, sondern auch noch als äußerst liebenswerte, wortkarge Figur, welcher der Volksmund einen Namen gab: De' Fleigle. Das war mitnichten eine despektierliche Bemerkung oder Karikatur seines zwergenhaften Aussehens, ganz im Gegenteil, es war die liebenswürdige Verkleinerung eines großen und

Johann Georg und sein Verlag

bekannten Mannes, den die Natur eben mit seiner Größe stiefmütterlich behandelt hatte, Fleigle eben, oder unser Fleigle. Er hörte diesen Namen nicht ungern, wußte er doch, daß er keineswegs bösartig gemeint war, sondern eher etwas Liebevolles beinhaltete. Er wollte diesen Namen aber keinesfalls im persönlichen Gespräch hören und legte dort den größten Wert auf eine höfliche Anrede, und die lautete eben der Herr Fotograf und Verlagsleiter Johann Georg Fleig aus Hornberg, und das war ihm genug.

Eigentlich hätte Johann Georg Fleig sich jetzt ganz auf seine Fotografie und sein zeichnerisches Talent beschränken können, denn das Postkarten- und Ansichtskartengeschäft hatte ihm einen recht guten finanziellen Hintergrund gegeben, so daß er in Ruhe weiterarbeiten konnte.

Und das tat er auch. Bergauf, bergab war er fast täglich zu sehen, und seine Arbeit wurde überall immer mehr geschätzt. So hatte er auch Zeit, neben den Familienfesten sich seiner eigentlichen Berufung hingeben zu können, nämlich Kunstwerke in der Fotografie herzustellen, und die machte er mit besonderer Freude. Plötzlich tauchte er irgendwo auf, baute sein Stativ auf, setzte den schweren Holzkasten mit dem messingenen Rohr darauf und verschwand hinter dem schwarzen Tuch. Ob es nun eine Trachtengruppe war, die sich gerade formierte, ein Handwerker, vertieft in seine Arbeit, oder ein paar Gesellen, die sich eben von ihrer schweren Arbeit ausruhten, überall im Städtchen stand der Johann Georg Fleig plötzlich unberufen da und hielt die Welt der kleinen Menschen in seinem Kasten fest. Manchmal stand er für eine einzige Aufnahme etliche Stunden vor einem Bauernhof und wartete, bis die Lichtverhältnisse so waren, daß aus einem einfachen strohgedeckten Haus ein Kunstwerk allererster Güte herauskam. Und wenn er noch zu Hause das letztere mit Retuschierpinsel, Bleistift, Lineal und Zirkel veränderte und kolorierte, dann war aus der Fotografie ein echter Johann Georg Fleig geworden.

Der Hasenbauer hatte bestimmt nichts dagegen, daß der Johann Georg Fleig eines Tages auf seinem Hof auftauchte, aber ob er es verstand, daß der kleine Mann stundenlang mit seinem Messingrohr, in dem eine Glaslinse funkelte, sein Haus und seinen Hof beäugte, kam ihm während der Arbeit bestimmt eigenartig vor. Nun gut, der Fotograf war bekannt und es kostete ihn nichts. Der Johann Georg wollte auch gar nicht haben, daß sich irgend etwas Besonderes vor seiner Linse regte und bewegte, im Gegenteil, er rief mit seiner hohen Stimme den Bauern bei der Arbeit zu, sie mögen genauso weitermachen wie bisher auch. Das Gesinde wunderte sich sicherlich, warum Johann Georg das Heimtreiben der Kühe in den Stall für so

Johann Georg und sein Verlag

besonders aufregend hielt, aber man ließ den kleinen Fotografen in Ruhe. Allerdings war die Freude am nächsten Sonntag groß, als die Wibervölker an seinem Geschäft vorbeikamen, in dem große Abzüge des Hofes im Fenster prangten. Aus seinem kleinen Offenbacher Hof war ein mächtiges Gemälde in schwarz-weiß und Farbe geworden, das einem Bauernfürsten alle Ehre machte. Flugs kaufte er dem Johann Georg seine Bilder ab, und der war's zufrieden. Aber die Kundschaft des Johann Georg sah in dem ‚Haseburehof' nicht das x-beliebige Gebäude mit einem Strohdach, mit Bienenkörben vor dem Haus, mit einem Brunnen und den zahlreichen Kühen davor, sondern ein großartiges Gemälde, wie es der Hasemann in Gutach nicht hätte besser malen können. Also wurde es vervielfältigt und gelangte in die ganze Welt hinaus, manchmal zur Ehre des Bauern, manchmal zu seinem Bedauern, weil er von diesem Geschäft nichts mehr abbekam. Da war es dann so ähnlich wie bei den Geschichten des Bauernpfarrers und Volksdichters Heinrich Hansjakob, der auch Geschichten von einfachen Bauern erzählte und sie bestens verkaufte, nur hatten die beschriebenen Kinzigtäler manchmal keinen Spaß daran, sich wahrheitsgemäß oder karikiert in dessen Schriften vorzufinden.

Johann Georg sah seine Arbeit gedeihen und größer werden. Ein Blick von der Werderstraße auf sein Geschäft genügte, um zu sehen, daß der kleine Mann binnen weniger Jahre von einem viel belächelten, nicht ernst genommenen Zwerglein zu einem respektierten, hoch angesehenen Meister geworden war. Damals nach dem deutsch-französischen Krieg war so vieles in Aufbruchstimmung, und der wirtschaftliche Erfolg wurde allgemein auch auf die Neugründung des Reiches zurückgeführt. Die Ideen des Bismarck und des ersten Wilhelm übertrugen sich positiv auf die Menschen der damaligen Zeit. Arm waren sie in der bäuerlichen und handwerklichen Welt immer noch, aber es ging bergauf, und das beflügelte viele.

Als er wieder in seinen Laden kam, arbeiteten seine Verkäuferinnen und verkauften gerade wieder große Mengen an Ansichtskarten an elegante Kurgäste des Städtchens, und im hinteren Teil des Hauses gravierten eingelernte Wibervölker die Lithographieplatten, überwacht von einem eigenen Lithographen, den er sich aus dem nahen Offenburg eingestellt hatte.

Überall wurde er respektvoll gegrüßt und schon war es, als wäre er der gemachte Mann und könnte zufrieden sein.

Aber Johann Georg wollte noch mehr als das Erreichte, weil er schlichtweg ein kleines Genie war.

Kapitel 10 –
Glasbilder

Alles war im Umbruch, auch im kleinen Städtchen, denn das erste Licht war angekommen oder, besser gesagt, die Elektrizität hatte die ersten Häuser erreicht.

Was konnte einem Fotografenmeister Besseres passieren, als daß er mit dem neuen Licht umzugehen lernte? Keine Sekunde zögerte Johann Georg Fleig und installierte bei sich im Laden und vor allen Dingen bei den Zeichnerinnen und Retuscheurinnen die neuen Lampen, aber ganz besonders war er davon angetan, dieses Licht auch in der Fotografie einzusetzen. Bald gab es neue Lehrbücher darüber, und er kaufte sich das erste, das zu erhalten war, nämlich die ‚Projections-Kunst für Schulen, Familien und öffentliche Vorstellungen nebst einer Anleitung zum Malen auf Glas. Beschreibung optischer, magnetischer, chemischer und electrischer Versuche aus dem renommierten Liesegang'schen Verlag.'

Daß diese Welt der neuen Erfindungen über das ganze Reich hereinbrach, sieht man schon daran, daß er vom Buchhändler Aberle gerade einmal die neunte Auflage im Jahre 1889 geliefert bekam, für die damalige Zeit eine höchst ungewöhnliche Auflagenmenge. Und bald vertiefte sich der kleine Mann in dieses Buch und lernte und lernte ... Als er in guter Zinzendorf'scher Schulmanier bis zum letzten Punkt alles gelesen hatte, war sein Entschluß gefaßt. Nicht nur die Fotografie und das Plattenschneiden waren für ihn wichtig, sondern er wollte sich auch der neuen Projektionskunst, die dank der Elektrizität und der hellen Lichtquellen erst möglich wurde, ganz besonders widmen.[12] Insbesondere die Herstellung von kleinen Glasbildchen mit allen Farben, seien sie gemalt oder fotografiert, interessierte den Meister besonders, da man mit diesen kleinen Kunstwerken, die man in einen Blechapparat stecken mußte, hinter dem ein helles elektrisches Licht angebracht war, sie eben auch vielen Menschen gleichzeitig zeigen konnte.

Die allerersten Diapositivbilder waren geboren, und Johann Georg Fleig schien es mehr recht als billig, sich mit diesen Dingen zu beschäftigen, denn sie waren sein ureigenstes berufliches Metier.

Kaum war die Lektüre zu Ende, saß er zwischen seinen Retuscheurinnen, klaubte sich eine der ferti-

---

[12] Die ‚Projectionskunst' von Johann Georg Fleig aus dem Jahre 1889 liegt in seinem kleinen Nachlaß im Buchenberger Heimatmuseum noch vor. Das Buch ist zerlesen, überall mit Bemerkungen versehen, unterstrichen und mit Korrespondenzadressen übersät. So liest nur jemand, den diese neue Technik begeistert hatte.

gen, fixierten Glasplatten und hielt sie gegen das Licht. Schön wäre es, solche Bilder, die aus seinem Fotokasten stammten, in Farbe herstellen zu können, und zwar nicht erst sie nachzukolorieren, sondern sie so herzustellen, wie die Farben in der Natur direkt vorkamen. Johann Georg träumte sich in die Welt der Farbfotografie hinein. Es gab aber nur seine Silberbromidbilder, und die waren einfach in schwarz und weiß unterteilt und lebten von den vielen Farbkompositionen zwischen diesen beiden Polen, nämlich in den vielen Nuancen des Grau, von gleißend weiß bis tief dunkel. Und da ihm dies schon seit Jahren nicht genügte, saßen jetzt seine Angestellten daran und kolorierten alles nach seinen Vorgaben mühsam mit Pinsel und Farbkasten. Dort drüben, der gute Adolf Kammerer, der hatte danach noch seine liebe Not, seinen Vorgaben nach das Ganze so zu drucken, daß es dem Zeitgeschmack der farbigen Fotografien entsprach. Jetzt gab es hier ein Buch, das Farbfotografien ermöglichte, die man mehreren Menschen gemeinsam zeigen konnte. Durchlichtaufnahmen wurden sie anfänglich genannt.

Das war was für ihn!

Bald fing er an, eine der Glasplatten seiner Negativbilder farbig zu bemalen und betrachtete sie durch das neue Licht sehr genau. Es war noch unbefriedigend, aber das Ergebnis war nicht ganz schlecht. Also mußte er sich dieses Entwicklungsgerät besorgen, das der Liesegang 1880 bereits empfahl. Meister Adolf Friedrich Schmidt wußte Rat, und wenige Tage später kam ein großes Paket mit der Aufschrift ‚Johann Georg Fleig, fotografischer Verlag in Hornberg' in der Werderstraße an. Johann Georg ging mit Feuereifer ans Werk. Zunächst prüfte er seinen neuen Projektionsapparat, der gar nicht sehr unähnlich seinem Fotoapparat war, nur daß er das Licht nicht mehr mühsam einfangen mußte, sondern über eine Bogenlampe gleißendes Licht über die Linse an die dem Apparat gegenüberliegende Wand warf.

In den Lichtstrahlengang konnte er jetzt Farben auf Glasplatten projizieren – die ersten Hornberger Glasplatten waren geboren. Wenn es möglich war, einfache Farbstriche nebeneinander in großem Abstand recht scharf und gut voneinander abgesetzt auf die Wand zu bannen, dann mußte es doch eigentlich funktionieren, wie es der Herr Liesegang beschrieb, auch Farbfotografien auf Glaspositiven zu bemalen und diese mit demselben Verfahren zu projizieren.

Es vergingen einige Wochen, bis auch diese Kunst im Hornberger Labor zur vollsten Reife gebracht wurde. Johann Georg Fleig nahm schlicht und einfach seine Negativglasplatten und stellte positive Glasplatten im Kontaktverfahren her. So hatte er ein positives,

Glasbilder

durchscheinendes Bild von seinen Fotografien hergestellt, und jetzt war es nicht mehr allzu schwierig, dem auch eine gewisse Farbnuancierung zu geben. Er versuchte es immer und immer wieder, unterstützt von seinen Retuscheurinnen, welche die neue Idee ihres kleinen Herrn pflichtgemäß unterstützten. Und so war es eines Abends soweit, daß Johann Georg den ersten Versuch einer Bildervorführung wagte. Wen konnte er anders einladen als seine verehrte Schwester Kathrin Huthmacher, den Bürgermeister Matthäus Vogel und seinen Freund Alex Jäckle, den Städtlephysikus.

Es war ein denkwürdiger Abend, denn etwas Derartiges hatte keiner von den Eingeladenen je gesehen, eine Diapositiv-Demonstration.

Der kleine Johann Georg stand auf einer Kiste und bediente einen Schieber an dem heißen Blechgehäuse, in dessen Innerem eine Bogenlampe vor sich hin gleißte. Durch das Blechrohr und die vorn angebrachte Linse projizierte sich zuerst einmal das Licht selbst, und die Gäste waren einigermaßen verwundert, was aus diesem ‚Kind wohl werden solle'. Dann aber wurden sie still und äußerst aufmerksam. Johann Georg zeigte die ersten farbigen Positivbilder, die sich nicht mehr von Hand zu Hand weitergeben ließen und in Ruhe betrachtet werden konnten, sondern – sie erschienen wie von Geisterhand auf der Wand des

Fleig'schen Laboratoriums. Es war ein Ah, Aha und ein Oh bei seinen lieben Freunden, welche die sonst so kleinen und feinen Bilder des Johann Georg Fleig gewöhnt waren, diese in herrlichen Farben übermannsgroß an der Wand wiederzufinden. Es war die erste Vorführung dieser Art in Hornberg, und es war nur dem schlichten, kleinen Genius aus der Werderstraße zu verdanken, daß so etwas möglich war. Natürlich merkte er jetzt auch die Schwächen dieser Methode, denn jeder kleine Retuschierungsstrich und jede über die Grenze hinausgehende Kolorierung zeigte sich plötzlich an der Wand riesengroß und fehlerhaft. Johann Georg merkte wohl, daß die Technik noch längst nicht soweit war, ein absolut fehlerfreies Bild in dieser Größe herzustellen, zumindest nicht mit seinen Mitteln.

Aber die Anfänge seiner Diaprojektion waren äußerst beeindruckend. Jetzt erst merkte er, daß die Glasbilder Schaden erlitten, wenn sie längere Zeit im Projektionsapparat verblieben, denn die Hitze wurde beträchtlich. Also mußte er auch an der Apparatur noch etwas verändern, daß sich die Hitze nicht direkt auf die äußerst empfindlichen Glasplatten übertrug. Der Bürgermeister und der Doktor waren begeistert, während die gute Schwester das Ganze mit großen Augen kommentarlos betrachtete. Die beiden überschlugen sich geradezu mit Vorschlägen, was man mit dieser neuen Kunst anfangen konnte.

Der Alex Jäckle wollte sich umgehend einen solchen Apparat kaufen und die dazugehörigen Bilder bei seinem Freund Johann Georg machen lassen. So etwas wollte er seiner Familie vorführen und, da sein bester Freund Fotograf war, würde der auch bestimmt ihm weitere, eigene Familienbilder zur Verfügung stellen, damit er eine Heim-Projektion machen könnte. Der Doktor war nämlich auch ein technikbegeisterter Mensch, und eines der ersten Häuser neben dem Rathaus und den Fabriken, das Strom erhielt, war auch seines in der Werderstraße, und seine hell erleuchtete Ordination war nicht von ungefähr deshalb auch spät nachts noch immer vollgefüllt. Auch mit dem neuen Teufelszeug der Elektrizität konnte man offensichtlich Patienten anlocken, denn wenn der Doktor mit den neuesten technischen Errungenschaften so Hand in Hand ging, konnte es mit seiner ärztlichen Kunst ja nur ähnlich aussehen. Der Bürgermeister hingegen sah das Ganze viel pragmatischer und schlug diesen Apparat samt den Bildern zur Aufstellung in der Schule vor. Es müsse doch eine große Erleichterung für den Dorflehrer sein, wenn Bilder sogar von fremden Ländern auf diese Art einer ganzen Schulklasse oder vielleicht sogar der ganzen Schule in einem Raum gezeigt werden könnten.

Der pfiffige Bürgermeister war sofort dabei, um auf Städtlekosten diese seine Idee in die Tat umzusetzen, und so waren bald zwei neue Apparate bestellt, und abends nach der Arbeit wurde in den drei Hornberger Häusern, der Schule, dem Doktorhaus sowie dem von Johann Georg, eifrig experimentiert und projiziert.

Für Johann Georg war die Sache inzwischen klar: Mit dieser neuen Methode eröffnete sich für ihn und seine Firma ein ganz neuer Zweig. Er wollte auf der Basis seiner Fotografien und von alten Bildern, die er aus Büchern und Kunstatlanten herholen konnte, positive Glasabzüge machen, diese durch seine Wibervölker kolorieren lassen, um sie dann zum Verkauf anzubieten, selbstverständlich mit den neuen Liesegang'schen Apparaturen, die der Meister Adolf Friedrich Schmidt schon in größeren Stückzahlen anzuliefern hatte.

Jetzt prangte auf seinem Firmenschild nicht nur die Fotografie und der Verlag, sondern auch der Titel der Hinterglasmalerei und der Projektionskunst. Der Johann Georg war sich seiner Innovationskunst ganz bewußt, und er hatte eine riesige Freude daran, wenn man ihn, den kleinen, minderwüchsigen Menschen, im Städtchen mit großem Respekt als Erfinder und begnadeten Techniker in Sachen der Bildgebung ansah und behandelte.

Und bald war es so, daß zu den Retuscheurinnen eine weitere Glasmalerin angestellt wurde, die sich voll und ganz der neuen Technik der Glasbilder widmete, die man in verschiedener Weise sich ansehen konnte, sei es durch die Projektionskunst mittels des Liesegang'schen Apparates oder durch kleine Holzkästen, in denen man mit Hilfe einer vergrößernden Optik die Glasbilder ebensogut betrachten konnte. Die Fotografie war durch seine Kunst im Städtchen fast allgegenwärtig geworden. Johann Georg war plötzlich ein gefragter Mann geworden, der in großer Klugheit langsam zu einem wohlhabenden Mann wurde …

Kapitel 11 –

Das neue Metier

Johann Georg Fleig war in seiner neuen Wirkungsstelle angekommen. Kaum waren sein kleines Atelier möbliert und die Fotoapparate an ihrem Platz, da sollte eigentlich der erste Kunde kommen. Aber nicht so im Hornberg des 19. Jahrhunderts. Mißtrauisch sind sie erst einmal, die Bewohner des kleinen Amtsstädtchens unten an der Gutach.

Nun gut, Johann Georg war selbst Schwarzwälder genug, um zu wissen, daß er ihr Vertrauen erst einmal gewinnen mußte. Und so stellte er in den ersten Fenstern unten an der Werderstraße einige von seinen am besten gelungenen Fotografien aus. Meist zeigten sie alte Bauernhöfe, Trachtenträger oder Handwerker bei der Arbeit.

Das große Interesse war natürlich in den ersten Tagen noch nicht da, und er hatte es sicher schwer, der kleine Mann, der von allen Hornbergern zunächst einmal wegen seiner fehlenden Körpergröße bestaunt wurde. Die Politik wird wie überall im Rathaus gemacht, aber zuvor in den Fraktionen der Bürgerschaft im Bären, im Adler oder in den anderen zehn Wirtschaften des Städtchens vorbereitet. Und da war der

Das neue Metier

kleine Johann Georg zunächst einmal Stadtgespräch, das dann allerdings rasch wieder abflaute und einer gewissen Neugier wich. Die schönen Bilder in seinem Fenster an der oberen Werderstraße wurden bald bekannt, aber arbeitende Müller, Färber, Steinklopfer, Maurer und Bauern hatten die Städtlebürger jeden Tag vor ihren Augen, und deshalb war das Interesse an seiner Kunst nicht allzu groß.

Johann Georg nahm's zur Kenntnis und wartete einige Tage, bis sich doch der erste Kunde in seinen neuen, kleinen Laden traute. Es muß schon ein außergewöhnliches Bild gewesen sein, wie der kleine Johann Georg gerade einmal mühsam über den Ladentisch blickte und dem hochgewachsenen Bauersmann gegenüberstand, der ihn bat, am nächsten Sonntag die Braut mit Schäppel und ganzer Tracht vor dem Kirchgang im Reichenbach aufzunehmen.

Das war jetzt sein Leben, sein Brotberuf und seine Aufgabe. Er wollte nicht nur der kleine Familienfotograf sein, der einige nichtssagende Aufnahmen zu irgendwelchen Anlässen verfertigte, sondern genau diese Aufgabe wollte er mit besonderer Aufmerksamkeit und Freude machen. Johann Georgs bisherige Bilder waren selbst dann Meisterwerke geworden, wenn es sich nur um ganz unprosaische Sujets handelte, um eine Bäuerin um den Schloßhof herum mit ihrem langen Rechen bei der Mahd oder die Aufnahme der vier

Grazien auf dem Schloßhof, wie sie mit ihren schönen Trachten über den steinernen Steg des kleinen Schloßhofbaches hinübergingen. Alle diese Aufnahmen waren etwas Besonderes, denn Johann Georg wußte sehr wohl, daß das Bildermachen etwas mit Malen, Zeichnen und Komponieren der Wirklichkeit zu tun hatte. Und so nahm er den Auftrag an, und der erste Kunde empfahl sich bald auf seinem Ochsenfuhrwerk und entschwand in Richtung des Mohren, des Hornberger Bahnhofs, und berichtete dort, daß der ‚neu Fotograf' am Sonntag einmal zeigen solle, was er könne.

Und so nahm Johann Georg am Sonntag in aller Herrgottsfrühe seinen Kamerakasten, sein Stativ und seinen Koffer mit den Chemikalien auf seine Schultern und trippelte den Bühl hinauf, am Mohren vorbei, unter der neuen Stahlkonstruktion der Eisenbahnbrücke hindurch in den Reichenbach. Es war für den kleinen Mann nicht eben einfach, die schweren Geräte auf seinen schwachen Schultern den Berg hinaufzutragen, aber Johann Georg gab sich der Illusion hin, daß er das alles genauso schaffen könne wie ein gesunder, großgewachsener Kollege. Nach stundenlanger Wanderschaft traf er im Rabenhof ein, müde und erschöpft, und jetzt begann erst die richtige Arbeit. Im Haus große Aufregung, die Wibervölker in heller Panik, denn es müßte bald hinuntergehen in die evangelische Stadtkirche neben dem Rathaus. So blieb für den kleinen Johann Georg nur wenig Platz und Zeit, das reizende Trachtenmädchen, die Braut, auf seinen Glasplatten festzuhalten. Viele Möglichkeiten gab es ja gar nicht und wiederholen konnte er keine Aufnahme, also mußte er mit geübtem Auge die Lichtverhältnisse prüfen und die Braut dahin setzen, wo Licht, Objekt und Kamera zueinander paßten. Und das auch noch zusammenzubringen mit den Wünschen des Hausherrn, der gerne hinter dem geschmückten Mädchen seinen stattlichen Hof zu sehen wünschte, war nicht ganz einfach. Johann Georg war bei dieser Bauernhochzeit nur ein kleiner Nebenkriegsschauplatz, denn die Wibervölker des Hofes sorgten schon dafür, daß andere Dinge wichtiger waren als der kleine, neue Hornberger Fotograf, der kaum größer war als der Hofhund und noch dazu eine hohe Fistelstimme sein eigen nannte, welche die Wibervölker als Autorität nicht recht anzuerkennen beliebten.

Aber für die drei oder vier Aufnahmen benötigte der große Könner nicht einmal eine Viertelstunde, und dann ging es unter dem schwarzen Tuch ans Entwickeln der Glasplatten, und Johann Georg war's zunächst zufrieden. Die Hochzeitsgesellschaft war pressant, und Johann Georg konnte seine Kamera samt dem Stativ auf einem Ochsenwagen verstauen, der dem Bennewägele der Rabenhofbäuerin zur Städtlehochzeit folgte. Der erste Tag, die ersten Bilder. Würde man seine Arbeit schätzen? Aufgeregt ging er nach dem Einzug der Trachtenmädchen in die alte Kirche von dannen und vergrub sich in seiner Dunkelkammer im Labor neben der rauschenden Gutach.

Die Ergebnisse waren gut, und er prüfte seine kontrastreichen Bilder in allen Schattierungen. Gleich mehrere von den Abzügen verfertigte er, schaute sie sich von allen Seiten an, machte einen heller, einen dunkler, bei einem zog er einige Linien nach und einen dritten kolorierte er gar mit Pinsel, Bleistift und Retuschierfarbe. Bald stand das Trachtenmädchen in aller Schönheit vor ihm, und er wußte selbst nicht mehr, ob es mehr ein Gemälde oder eine Fotografie war, denn der Übergang von beidem war fließend. Was hatte er jetzt vor sich liegen, eine schöne Fotografie, eine Zeichnung oder ein Gemälde, durch die Fotografie aktualisiert, oder einfach nur ein nachgeholfenes Bild der noch unvollkommenen Fotografie, dem er als Künstler und Zeichner auf die Sprünge helfen mußte?

Er betrachtete lange seine ersten Hornberger Bilder und steckte sie in seine Brusttasche, nicht ohne vorher einige Abzüge davon auch ins Fenster zu hängen.

Der erste Kundenbesuch oben auf dem Rabenhof war wieder angesagt, denn jetzt hieß es Farbe oder

Das neue Metier

besser noch Fotografie zu bekennen. Mit einem Fuhrwerk, auf dem er hinten aufsaß, kam er nach langer Fahrt wieder die Schwarzwaldhöhen hinauf, gegenüber in den Hof zum alten Rabenbur, der ihn mit seinen Wibervölkern bereits in der Stube erwartete. Ungläubig schaute man wiederum auf den kleinen Johann Georg, der mit großer Vorsicht und mit fistelnder Stimme sich am großen Hofhund vorbeidrückte, der ihm fast Aug in Aug gegenüberstand.

Dann aber legte er seine Bilder auf den Stubentisch, der bald mit allerlei Hausgesinde umstanden war. Die Bilder gingen von Hand zu Hand, die Hausmutter schaute die kolorierte und idealisierte Tochter in der schönen Reichenbacher Tracht mit Wohlgefallen an und gab dann am Schluß alles dem Hausherrn, der dazu seine dicke, runde Drahtbrille aufsetzte. Dann studierte er sehr lange das Werk des kleinen Fotografen, der mitsamt seiner Melone nur ein klein wenig über dem Stubentisch herblickte. Was konnte denn von so einem kleinen Menschen schon Gescheites kommen? Was konnte so ein Zwerg denn zustande bringen? Der Rabenbur besah die kleinen Kunstwerke in seiner groben Hand und merkte irgendwie instinktiv, daß die Arbeit, die der kleine Fotograf abgeliefert hatte, alles andere als nur gewöhnlich war. Sie war schlicht hervorragend. Die Tochter war auf diesem Bild eine Ehre für seinen Hof, und der Einzug der

Trachtenmädchen in die Kirche zusammen mit dem gestrengen Dekan Max Roth war allzu lebensecht. Der mächtige Rabenbauer war's zufrieden und legte die schönen Bilder auf die Seite.

„Fotograf Fleig, Ihr henn gute Arbeit g'leischtet. I werd Euch weiter empfehle, und jetzt bliebet Ihr erscht emol do zum Veschpere ..."

Johann Georg mußte lächeln, und seine freundlichen Augen gingen in der Runde von einem zum anderen. Überall meinte er Respekt zu sehen und freundliches Nicken. Die allererste Schlacht war geschlagen, und der Lohn, den er für seine Bilder forderte, war weiß Gott nicht hoch. Er wurde ihm zu dem obligaten Speckvesper neben den Teller gelegt, und er war bei seinem ersten Werk mit seinem Erfolg eigentlich ganz zufrieden.

Verstohlen betrachtete er noch einmal das Werk, das er soeben dem Bauern vorgelegt hatte und das jetzt bereits unter einem Speckbrett hervorlugte. Seine Bilder waren jetzt so etwas geworden wie eine Dokumentation, die in der neueren Zeit in den besseren Bürger- und Bauernfamilien verlangt wurde, die Fotografie. Die ganz hochstehenden Leute ließen sich auch heute noch in Öl porträtieren, aber es gab sie nicht mehr, die großartigen Maler des Gutachtales, und außerdem waren sie doch recht kostspielig geworden. Und so sah Johann Georg seine Arbeiten

Das neue Metier

zwar in der Mitte auf dem Stubentisch hochgelobt und anerkannt, aber eben – unter dem Speckbrett hervorschauen!

Und dabei hatte er sich die Mühe seines Lebens gemacht, den ersten Auftrag weniger zu fotografieren als zu komponieren, zu retuschieren, zu kolorieren, feine Linien nachzuzeichnen, die Licht und Silberbromid in chemischer Reaktion nicht geschafft hatten. Er wußte jetzt, daß seine Arbeit sicherlich akzeptiert werden würde, aber eben nicht die allererste Stelle bei einem Schwarzwaldbauern einnahm. Irgendwann würden die Bilder vielleicht einmal in einem Album verstauben oder – wenn sie Glück hatten – hingen sie im Herrgottswinkel des alten Bauernhofes über dem Stubentisch.

Johann Georg war jetzt in der Realität seines Berufes angekommen. Das Kunstwerk war gegen einen nicht einmal ganz geringen Preis akzeptiert. Er hätte sich gewünscht, daß man mit seinen so liebevoll hergestellten Ergebnissen etwas sorgfältiger umgegangen wäre, aber gab es da nicht die vielen Maler, die trotz bester Arbeit mit ihrer Kunst nicht einmal genug an Eßbarem herschaffen konnten? Da ging's ihm mit seiner neuen Fotografie in Zukunft doch etwas besser, wenn er auch wohl nie zu Reichtümern gelangen würde, wenn er seine Kreuzer so mühsam zusammenlegen mußte wie nach dieser ersten Arbeit ...

Johann Georg fühlte sich aber in der bäuerlichen Umgebung des Rabenhofes sehr wohl, und bald nahm er wieder Abschied, um das Städtchen noch bei Tageslicht zu erreichen, und das waren – ohne Viehtransporter oder Bennewägele weiß Gott zwei Stunden zu Fuß, und mit seinen kleinen Beinchen vielleicht noch zwei mehr. Johann Georg nahm seine Melone, grüßte, wurde herzlich verabschiedet und machte sich auf den Weg hinauf auf den Fohrenbühl, den er bald erreichte. Von dort hoffte er auf ein mildtätiges Bauern- oder Bürgerherz, das dem kleinen Zwerg an der Landstraße einen Sitz in einem Wagen anbieten würde. Mühsam war es, das Geldverdienen in dieser gebirgigen, einsamen Gegend, aber was half's zu klagen? Er selbst hatte sich entschlossen, an diesem Ort fernab der großen Welt in den tiefen Schluchten des Schwarzwaldes in einem alten Städtchen der Dorffotograf zu werden. ‚Also beklage dich nicht, Johann Georg Fleig! Tu l'as voulu, Georges Dandin!'[13]

Spätabends war er wieder zu Hause unten an der Werderstraße, zählte seine Barschaft und überlegte, ob er wohl in diesem Gebirgsstädtchen auf diese Art und Weise auf einen grünen Zweig kommen würde.

---

[13] Du hast es selbst so gewollt, Georges Dandin, ein berühmtes französisches Sprichwort, ein Idiom, das Johann Georg sehr wohl bei seinen Zinzendorfern passabel gelernt hatte.

Er war im Zweifel! Außerdem, wie viele Hochzeiten, Beerdigungen, Kommunionen, Konfirmationen und sonstige Jubilarfeiern gab es denn? Schlecht abschätzbar.

Er konnte mit dieser Arbeit wohl nicht reüssieren. Er hatte noch andere Dinge im Kopf, und die begannen schon ganz früh bei ihm zu reifen.

Kapitel 12 –
Der ‚Gypsgießer'

Johann Georgs Geschäfte liefen recht gut. Nicht nur die Einheimischen, sondern auch die Fremden wußten bereits, daß der kleine Mann mit den freundlichen Augen, der hinter dem Ladentisch mit seinen viel zu kurzen Armen die Kundschaft bediente, der eigentliche Chef des ganzen Unternehmens war.

Hinter dem Ladentisch gab es seit geraumer Zeit schon eine Besonderheit, die allerdings den Verkäuferinnen etwas mehr Kopfzerbrechen machte: Johann Georg hatte sich ein Treppchen bauen lassen, auf das er draufstand und somit zumindest hinter dem Ladentisch einigermaßen die Statur seiner kleinsten Verkäuferin anstrebte. Sobald er jedoch diesen Platz wieder verließ, tauchte er fast hinter dem Tisch unter.

Sein großer Freund Matthäus Vogel hatte ihm nach einem feucht-fröhlichen Abend im Bären einmal von einem brachliegenden Gewerbe berichtet, nämlich dem des Konservators.

Der Hinweis fiel bei Johann Georg auf fruchtbaren Boden, denn seit seiner frühesten Zeit hatte er sich gerne mit solchen Dingen abgegeben, und zwar schon

Der ‚Gypsgießer'

in Zeiten des Schloßhofs. Sein Bruder, der Andreas, war gleichzeitig ein Jäger von Gottes Gnaden, und der eine oder andere geschossene Auerhahn ziert die Stube des Schloßhofs in vollem Balz-Federschmuck.

Er hatte oft seinem Bruder zugesehen, wenn er diesem Handwerk nachging. Auch im naturkundlichen Unterricht in der Zinzendorfschule wurden solche Fertigkeiten gelehrt. Und man hätte Johann Georg Fleig, den kleinen Genius, nicht gekannt, wenn er eine derartige Herausforderung nicht angenommen hätte. Bald finden wir in seiner Bibliothek Bücher über Konservierungen und das Herstellen von ausgestopften Tieren in allen Formen.

‚Die Kunst des Bildformers und Gypsgießers' von Martin Weber aus dem Jahre 1878 ist heute noch in seinem Nachlaß zu finden, wie üblich von der ersten bis zur letzten Seite gelesen, unterstrichen, mit Bemerkungen versehen und ziemlich zerlesen. Der kleine Johann Georg wurde auch hier ein Meister. Zunächst war er wieder einmal bei seinen Gängen ins Städtle im Mohren bei den Jägern und hatte sich informiert, ob eine solche Tätigkeit überhaupt wünschenswert sei. Die kräftigen Bauerngestalten am Kachelofen des Mohren schauten etwas mitleidig auf den kleinen, aber sehr respektierten Fotografen und Verlagsinhaber, und man riet ihm schon zu, daß hier im Städtchen etwas Derartiges gebraucht würde, aber wer sollte so etwas machen? Johann Georg erkundigte sich bei den Bauernfürsten nach den zu erwartenden Stückzahlen und was sie eigentlich von einem Konservator genau wünschten. Da erfuhr er manches Nützliche, und seine Neugier erweckte bei seinen Informanten Argwohn. Wollte der pfiffige Meister Fleig jetzt auch noch in dieses Geschäft einsteigen?

Einige Tage später bezog er dann in der Werderstraße im Nachbarhaus einige kleine Räume, und hier versuchte er, wie er es in der Zinzendorfschule gelernt hatte, die alte Technik des Konservierens mit Gipsmodellen, die auf ihren Holzgestellen der Wirklichkeit ziemlich nahe kamen, insbesondere dann, wenn sie ihr Federkleid oder ihr Fell wiederbekamen. Es war eine eigenartige Welt, die der Konservierung von geschossenem, edlem Wild, das sich ja in Hornberg und darum herum in großer Anzahl fand.

Seine große Liebe war die Präparation von Auerhähnen, denn die gefielen dem kleinen Fotografen besonders gut. Und wie konnte es anders sein, als daß ihm auch hier das Glück wieder hold war? Alljährlich kam von Donaueschingen aus dem fürstlichen Schloß der Inhaber des letzteren, der Fürst von Fürstenberg, mit einer großen Menge an geladenen Ehrengästen höchster Provenienz ins Städtchen, um die alljährlich stattfindende Auerhahnjagd zu begießen. Als vor dem Mohren wieder einmal die stolzen Vögel tot vor der Tür warten mußten, während der fürstliche Jäger samt seiner Entourage sich bei Bier und Speck vergnügte und der hohe Herr besonders jovial mit seinen Untertanen war, da war auch der Johann Georg recht rasch im Gespräch als ein begnadeter Mann, der auch das Handwerk des Konservierens verstünde. Nun waren gerade bei dieser Jagd einmal besonders prächtige, balzende Auerhähne von seiner fürstlichen Gnaden zur Strecke gebracht worden, und so war man bald handelseinig, daß das geschossene Wild in verschiedenen Posen dem Johann Georg Fleig zuzubringen war, der seine Kunst einmal beweisen sollte. Johann Georg hatte mit einem so großen Auftrag nicht gerechnet, und flugs waren einige Hilfskräfte eingestellt, die ihm beim Ausnehmen, beim Gipsformen der Innereien und bei der üblichen Eiweiß-Konservierung helfen sollten.

Und es gelang.

Das phantastische Geflügel war lebensecht in der typischen Haltung von balzenden Auerhähnen konserviert, stand mit den kräftigen Krallen auf breiten Ästen, und letztere ließen sich gut an jeder Wand im fürstlichen Schloß anbringen. Die Durchlaucht war es zufrieden, und Johann Georg hatte die ersten Aufträge mit großer Bravour erfüllt.

Weitere folgten. Die zahlreichen Jäger der Umgebung hatten natürlich auch das eine oder andere

‚uuszustopfe', wie man im Schwarzwald die Konservierung nannte. Und so fand sich in dem schon viel frequentierten Laden von Johann Georg Fleig ein Lager mit den schönsten konservierten Tieren, die im Schwarzwald kreuchten und fleuchten, besonders aber die Auerhähne, die Rebhühner, die Wachteln und die Singvögel, die er besonders gerne für die Ewigkeit in den Wohnzimmern vorbereitete. Es war seine Lieblingsbeschäftigung neben dem Gravieren und dem Fotografieren, auch künstlerisch in der Konservierung Großartiges zu leisten.[14] Es war Johann Georgs ganzer Stolz, diese Konservierung so lebensecht zu machen wie nur möglich. Und das gelang ihm hervorragend. Bald hatte sich im ganzen Amtsbezirk Triberg herumgesprochen, daß diese seltene Arbeit ausgerechnet beim kleinen Fleig in Hornberg durchgeführt würde, und auf einmal konnte er sich vor Aufträgen fast nicht mehr retten. Natürlich war der pfiffige Fotograf und Künstler bald soweit, Gehilfen

---

[14] In meiner Kindheit hingen zwei mächtige Auerhähne in stolzer, balzender Pose in der Ordination meines Vaters und natürlich auch im Wohnzimmer. Am Fuß der Tiere waren ins Holz die Buchstaben J. G. F. eingraviert. In vielen Häusern fanden sich in der damaligen Zeit auf den Kommoden schleichende Füchse, putzige Eichhörnchen, scheue Dachse mit Glasaugen und ganze Wildschweinköpfe, die hauerbewehrten Mäuler weit aufgerissen, gleichsam als wenn sie durch die Holzwände vom schwarzen Wald herüber diffundieren würden.

Der ‚Gypsgießer'

einstellen zu können, die ihm die schwerste Arbeit abnehmen. Johann Georg machte lediglich noch die Arbeit der Pose, das heißt die Präsentation des Tieres in der neuen, endgültigen Form, die ein Konservator selbst wählen konnte.

So wurde seine Kunst landauf, landab sehr geschätzt. Aber nicht nur das. Er entdeckte recht bald, daß die vielen zahlkräftigen Kunden, die seinen Laden neugierig belagerten, auch ein großes Interesse an alten naturhistorischen Gegenständen hatten, und so wurde die Ausstellung und das Lager von ausgestopften Vögeln und anderen naturwissenschaftlichen Gegenständen, wie er sein zweites Handwerk auch in den Zeitschriften bewarb, mit Mineralien aus dem Schwarzwald, mit Edelsteinen, Halbedelsteinen und Glasabgüssen aus den verschiedenen Gruben des Wolf- und Kinzigtales ergänzt. Mancher Besucher, der seinen Laden betrat, fand nicht nur ausgezeichnete Darstellungen der bäuerlichen und handwerklichen Kunst in meisterhaften Bildern, seien sie farbig oder schwarz-weiß vor, sondern auch noch einen ganzen Laden voll schwarzwaldtypischer Erinnerungsstücke, von den einfachsten Bergkristallstückchen bis zu den Steinen aus der Grube Clara, die Wismut-, Silber- und Goldeinsprengungen aufwiesen und von den Touristen geradezu enthusiastisch gekauft wurden.

Aus dem kleinen Städtlefotografen war jetzt ein erfolgreicher Kaufmann geworden, der nach allen Seiten hin expandierte. Bald war aus der Zugehfrau, die erste Kontaktperson in den ersten Tagen seiner Tätigkeit im Waldstädtchen, eine kleine Belegschaft von 15 Leuten geworden, die sein kleines Schwarzwaldimperium versorgten und betrieben, während der Meister seiner Lieblingsbeschäftigung nachgehen konnte, nämlich landauf, landab mit seinem Fotoapparat auf dem Rücken und dem Stativ als Gehstock zu den schönsten Plätzen im romantischen Schwarzwald. Und während zu Hause seine Wibervölker retuschierten, zeichneten, verkauften, bestellten, Buch führten, konservierten und sich emsig um das Fleig'sche Geschäft kümmerten, war der kleine Mann mit seiner Melone unterwegs, um neue Eindrücke festzuhalten. Dabei überschritt er schon einmal die Städtlegrenzen und machte seine Aufnahmen auch in Gutach, droben in seiner Heimat, in Furtwangen, Lenzkirch oder anderen Plätzen des Schwarzwaldes, die ihm so sehr gefielen. Johann Georg kam manchmal recht spät mit der Eisenbahn wieder zurück, erschöpft und müde, aber mit einigen neuen Glasplatten, die er noch am selben Tag entwickeln und fixieren mußte.

Am nächsten Tag waren seine dienstbaren Geister schon dabei, das Ergebnis ihres künstlerischen Mei-

Der ‚Gypsgießer' 165

sters in Stahl oder Kupfer zu stechen, und wenige Tage später waren die neuen Aufnahmen bereits beim Adolf Kammerer in der Handpresse. Unter dem prüfenden Blick des Meisters Fleig verließen dann ganze Myriaden von neuen Kunstdrucken das Städtchen Hornberg, um draußen auf die Schönheit des Schwarzwaldes hinzuweisen …

Immer häufiger fanden sich auf den meisterlichen Porträts und den Landschaftsbildern alle Arten von Vögeln, großen wie kleinen, einheimischen wie seltenen ausländischen, meist ganz dezent, aber unübersehbar. Er zögerte nie, seine Vorlieben auch in seinen Arbeiten zu zeigen und freute sich daran.

Die Wirte und Hoteliers der Stadt wurden bald aufmerksam auf den großen Andenkenladen, und Johann Georg bekam Kundschaft aus aller Herren Länder, die sich am Ende der Ferien im Schwarzwaldstädtchen etwas in Erinnerung bleibendes mitnehmen wollten. Und was gab es neben den typischen Uhren und Schnitzarbeiten Besseres als künstlerische Fotografien der Landschaften in und um Hornberg herum. Und wenn noch ein ausgestopfter Auerhahn, ein Kranich oder ein grauer Kormoran das Fleig'sche Lager gegen bare Gulden verließ, freute sich die ganze Belegschaft über die erfolgreiche Arbeit ihres kleinen Meisters. Mit jeder seiner neuen Ideen hatte er bisher Glück gehabt, aber er hatte sein Kerngeschäft nie vergessen, nämlich das der Fotografie und der künstlerischen Darstellung seiner Lieblingsmotive, die er meist bei kleinen Leuten im Städtchen und bei den archaischen, bäuerlichen Leuten vorfand. Die Basis seines glücklichen Geschäftsverlaufes waren immer die Fotografien und die Zeichnungen geblieben. Davon war er nie abgewichen, daß er dabei auch nur die geringsten Abstriche machte. Massenware, wie sie ganz langsam auch die Täler um Hornberg von draußen her erreichte, war nicht sein Ding, und in der damaligen Zeit zahlte sich dies auch aus. Seine Bilder waren einfach gar zu schön und einprägsam, außerdem der Natur entsprechend, so daß man leicht und gerne auf die kitschigen Massenexemplare von draußen verzichten konnte. Das Markenzeichen J. G. F. zog im ganzen Hochschwarzwald sehr gut, und der kleine Mann war's damit zufrieden.

Er war recht wohlhabend geworden, und manchmal besah er sich mit großer Zufriedenheit sein Konto auf der Landeskasse und sein schuldenfrei dastehendes Haus in der oberen Werderstraße. Johann Georg war aber trotz seines guten Auskommens immer ein bescheidener Mann geblieben, wenn man einmal davon absah, daß er stets korrekt in Reutter'schen Anzügen samt Krawatte, Brillantnadel und schwarzem Hut herumlief. Das gehörte zu seinem Markenzeichen, trotz seiner körperlichen Defekte

Der ‚Gypsgießer'

sich nicht gehen zu lassen oder gar nachlässig in seiner Kleidung zu sein. Der kleine Mann mit seiner Melone war im ganzen Städtchen auch deshalb so ästimiert, weil er wie ein kleiner Amtmann daherkam. Und wenn er am Sonntagmorgen mit seinem Bratenrock hinüberlief in die evangelische Stadtkirche, um dem Dekan Max Roth zuzuhören, dann grüßten ihn die Kirchgänger wie einen der ihren mit Respekt und allenfalls mit leichtem Bedauern.

Johann Georg sah das auch und ließ sich nichts mehr anmerken, daß er in irgendeiner Weise unter seiner Körpergröße zu leiden hatte. Im Gegenteil, war er einmal unter den Bürgern an einem Stammtisch in den zahlreichen Wirtschaften, so fand er nicht nur den Platz eines geachteten Bürgers, der ihm zustand, sondern meist auch große Aufmerksamkeit, wenn er von seinen fotografischen Reisen erzählte, die er in die nähere und weitere Umgebung gemacht hatte. Allzu oft gab es das nicht, daß Johann Georg in den Wirtschaften saß, aber wenn er dort war, respektierten ihn selbst die bierseligen Hornberger. Und wenn er nach seiner Meinung gefragt wurde, was bei seinem Stand als geachteter Bürger und Arbeitgeber dann nicht selten der Fall war, so wurden seine wortkargen Bemerkungen mit Kopfnicken aufgenommen, ganz nach seinem Motto: Wo der Worte wenige, da haben sie Gewicht.

Johann Georg war jetzt ein richtiger, anerkannter Städtlebürger geworden, und niemand wußte so recht, ob er hier glücklich war, denn große Freundschaften hatte er mit nur wenigen Menschen, aber daß er einer der tüchtigsten Neubürger war, das stand außer Zweifel ...

Kapitel 13 –
Baumstammbilder

Mit seinem Lieblingsfreund, dem Bürgermeister, saß er gelegentlich im Bären beim Hermann Diesel, dem angesehensten Wirt im Städtchen, hinter dem Kachelofen, Johann Georgs liebstem Platz. Nicht daß er öfters zu tief ins Glas geschaut hätte, das wäre dem kleinen Mann gar nicht gut bekommen, aber er brauchte seine wenigen Freunde um sich herum, um sich austauschen zu können, denn mit seinen Angestellten konnte er wohl schlecht über seine Ideen sprechen. Und so blieb ihm meist der Weg vorbei an der Jäckle-Praxis, wo er den Doktor am Ende der Ordination über seine zunehmenden Gelenkbeschwerden konsultierte, und die wurden dann anschließend im Bären mit einem guten Glas besten Hornberger Bieres therapiert, nicht ohne bei einem gemeinsamen Freund noch vorbeigesehen zu haben, der manchmal um diese Uhrzeit am Abend noch in seiner Amtsstube saß: Der Dritte im Bunde, der Bürgermeister Matthäus Vogel. Und nicht selten saßen die drei beieinander, und der Bärenwirt Hermann Diesel schaute nach dem illustren Trio.

Den Bürgermeister plagten in dieser Zeit die Sorgen mit der allgemeinen Umstellung der Wirtschaft, aber er hatte für die Gemeinde immer eine glückliche Hand. Die wichtigste kommunalpolitische Aktivität von Matthäus Vogel war nach 1885 die Einführung des elektrischen Lichtes und die Errichtung eines Elektrizitätswerks. Draußen vor dem Bären-Fenster konnte man sehen, daß Hornberg als die erste Stadt im Schwarzwald über elektrische Straßenbeleuchtung verfügte. Der Bürgermeister erzählte von den Kosten der Straßenbeleuchtung von 1.600 Mark, die er durch die Einsparung der Anzündkosten der bisherigen Beleuchtung ausgeglichen hatte. Aber was jetzt tun mit dem arbeitslosen Lampenanzünder? Dann versorgte er das ganze Städtchen mit einer neuen Wasserleitung und baute obendrein noch für die Ertüchtigung seiner Bevölkerung eine Turnhalle auf halbem Weg zum Bahnhof. Das Bürgermeistergenie hatte aber auch Sinn für alles Soziale, und nur wenige Jahre nach seiner Wahl zum Nebenberufs-Bürgermeister entstand ein neues Krankenhaus oben hinter dem Eisenbahnviadukt. Der pfiffige und kluge Bürgermeister schaffte es sogar, an diesem Krankenhaus evangelische Diakonieschwestern unterzubringen und konnte den bisherigen Spitalverwalter, der seine Arbeit recht und schlecht tat, durch diese Schwestern ersetzen.

Baumstammbilder

Da saßen die drei am mächtigen Kachelofen und besprachen die Notwendigkeiten und Visionen für ein kleines Stadtgebilde, und der überragende Bürgermeister erzählte vom Rathausalltag. Der Jäckle-Doktor war seinem Gemeindechef zu großem Dank verpflichtet, war er doch einer der Ärzte, die jetzt in diesem neuen Krankenhaus erstmals Patienten versorgen konnten, wie es sich gehörte.

Johann Georg hörte gerne zu, denn der Umgang mit diesen beiden lieben Freunden und ihren gescheiten Ansichten, vor allen Dingen ihrer Tatkraft, taten dem kleinen Mann wohl. Die beiden hatten den Fotografenkünstler gerne in ihrer Mitte aufgenommen, denn auch sie wußten, daß noch einige Bürgersleute vom Stil des kleinen Fleigle dem Gemeinwohl mehr nützen würden als ein paar kräftige, muskelbepackte Berserkergestalten ohne Kopf und Weitblick.

Lachend erzählte der Bürgermeister, daß er das erste Telefon in der Stadt angeschafft habe, aber es stand zunächst in seiner Firma, und dann erst kam das Zweittelefon in sein Arbeitszimmer im Rathaus!

Johann Georgs Aktivitäten waren allen bestens vertraut und sein unruhiger Geist war auch beim Rathauschef, seinem Freund, bestens bekannt. Man mußte dem kleinen Mann nicht viel von neuen technischen Methoden erzählen, und auf einmal war er hellwach und ließ sich alles genau erklären, um zu sehen, ob er diese Neuerungen für sich würde verwenden können oder ob er sie zumindest im Bild festhalten könnte.

Johann Georg hörte dem gescheiten Bürgermeister gerne zu, wenn er von seinem Beruf berichtete, dem des Holzschliffs, mit dem er sich einen großen Reichtum erworben hatte.

In seiner Kitteltasche hatte er solche Proben dabei und klärte seine beiden Freunde über den Unterschied verschiedenster Hölzer auf. Zwar war es dem Johann Georg und dem Alex Jäckle bekannt, daß verschiedenartigste Bäume im Wald standen, aber derartig feines Material, das der Bürgermeister jetzt hervorzog, hatten sie noch nicht gesehen. Es waren papierdünn geschnittene Holzspäne, die der Bürgermeister da auf den Tisch des Hauses legte, schwarze, dunkelbraune, hellgelbe und fast weiße. Holzspäne waren nichts anderes als Vorstufen zur Pappendeckelgewinnung, die der erfolgreiche Bürgermeister in seinem Hauptberuf bekanntlicherweise ausführte. Johann Georg nahm die Holzschnitzel in seine kleinen Hände und drehte und wendete sie.

„Kann man diese Holzschnitzel auch in größerer Stückzahl und Fläche herstellen?"

Sein bürgermeisterliches Gegenüber sah ihn erstaunt an.

„Ja natürlich, Johann Georg, aber das ist ja das, was wir gerade nicht wollen. Wir wollen, daß diese Schnit-

Baumstammbilder

zel möglichst rasch zu Zellulose werden, um sie dann weiterverarbeiten zu können. Warum?"

„Nur so gefragt, Matthäus, sie sind gar zu schön, diese verschiedenen Abfallprodukte aus deiner Firma, sie haben herrliche Farben, gar nicht unähnlich einem schönen Herbsttag, wenn ich meine Wälder am liebsten fotografiere. Sie sind alle so herrlich kontrastreich und natürlich, diese deine Holzschnitzel, und noch etwas, kann ich einmal verschiedene Proben davon haben?"

„Aber natürlich, Johann Georg. Komm einmal bei mir vorbei, du kannst soviel haben, wie du willst, oder ich laß dir verschiedene Proben einmal vorbeibringen ..."

Johann Georg nickte und wurde einsilbig. Heute abend war er etwas zerstreut, und sein Stelker'sches Lieblingsbier wollte ihm gar nicht so recht schmecken. Er spielte wie versonnen mit den Holzschnipseln seines bürgermeisterlichen Gegenübers und dachte und überlegte, so daß ihn seine beiden Freunde öfters am Abend noch foppten, was er jetzt wohl wieder mit den Holzabfällen für ein Geschäft machen wolle. Johann Georg lächelte, wie immer, wenn er etwas gefragt wurde, und steckte die verschiedenfarbigen Holzschliffpräparate in seine kleine Jackentasche, nachdem er den Bürgermeister um Erlaubnis gefragt hatte.

„Aber sicher kannst du sie mitnehmen, Johann Georg, komm zu mir auf meinen Hof, dort siehst du, wie jeden Tag Tonnen davon hergestellt werden, bevor sie in den Holzreißwolf kommen ..."

Kaum daß sie dem Bärenwirt die kleine Zeche gezahlt hatten, liefen die drei Freunde unter den neuen elektrischen Straßenlaternen die Hauptstraße hinauf, überquerten die Gutach, und der erste der drei, der sich nach Hause verabschiedete, war der Alex Jäckle. Danach verschwand der kleine Johann Georg in der Werderstraße, laut und fröhlich verabschiedet vom Stadtoberhaupt, der noch eine Wegstrecke an der Gutach hinauf hinter sich zu bringen hatte.

Diese Nacht wollte aber das Licht über dem Zeichentisch von Johann Georg Fleig nicht erlöschen. Die Papierschnipsel lagen längst der Reihe nach in allen Farben und Schattierungen vor ihm, und er überlegte lange, wie sie in irgendeine Form zu bringen waren, die er, Johann Georg, in seinem Kopf hin und her bewegte. Dann holte er sich eine seiner alten Zeichnungen aus dem Probenschrank seiner Negative und begann mit den Schnipseln zu experimentieren. Mit einem scharfen Messer, wie es für die Beschneidung der Papierfotografien Verwendung findet, schnitt er die einzelnen Holzspäne entsprechend dem vorliegenden Bild in Einzelteile, verwendete etwas Holzleim und beklebte die Zeichnungen mit Holzschnitzeln. Nach einigen Versuchen war das ganze Bild anstatt aus Wasser- oder Harzfarben, aus Bleistiftlinien oder Tuschemarkierungen aus reinem Holz, und es sah nicht einmal sehr schlecht aus. Johann Georg versuchte sich am nächsten Bildchen, an einem alten Schwarzwaldhaus, dem er wie bei Matthäus Vogels Hof ein dunkles Dach aus gemasertem Holz aufsetzte, aus einem hellbraunen, lebendig aussehenden Holzschliff die Wände gestaltete und danach die Bäume, die Wiese und den Holzstoß vor der Mühle. Je länger er versuchte und probierte, desto mehr gefielen ihm diese kleinen Bilder, und er meinte, daß sie sich doch bestimmt in größerer Anzahl und in besserer Perfektion herstellen lassen würden.

„Intarsien, … Intarsien nennt man sie in der hohen Kunst, aber mit den Holzspänen könnte man doch auch im Schwarzwald Einlegearbeiten machen, Bilder komponieren, die Bilder auf Uhrenschilder kleben oder was sonst noch alles …", murmelte er still vor sich hin und ging zu Bett.

Am nächsten Morgen machte er sich auf den Weg zu seinem Bürgermeisterfreund, der schon in aller Herrgottsfrühe auf seinem Fabrikhof der Firma Tschira werkelte und seinen kleinen Freund herzlich begrüßte.

„Da kommt unser Philosoph, der Johann Georg. Ist dir jetzt eingefallen, was du mit meinen Holzschnipseln anfangen möchtest?"

„Noch nicht ganz, Matthäus, aber zeig mir doch einmal deine Materialien, dann erzähl ich dir von meinen Plänen..."

Auf dem Hof der alten Tschira-Fabrik lagen haufenweise Sägespäne herum, genau wie es der Bürgermeister gestern abend seinem Freund erzählt hatte. Von jedem dieser Abfallprodukte nahm Johann Georg eine Handvoll, steckte sie in die Außentasche seines kleinen Kittels, und am Schluß waren nach dem Rundgang seine Taschen so angeschwollen, daß er fast zum Lachen aussah.

„Jetzt aber, großer Denker, erzähl mir, was du mit diesem Zeug vorhast!"

Der kleine Fotograf blickte sein mächtiges, breitschultriges, großgewachsenes Gegenüber freundlich an und fragte nach dem Preis von diesen hölzernen Abfallprodukten. Der Bürgermeister und Fabrikant lachte und meinte nur, daß es gar nichts kosten würde, wenn die Entnahmen nicht eisenbahnwaggonweise fortkämen. Und dann erzählte ihm der Johann Georg, was ihm am Abend zuvor im Bären aufgefallen war. Wie immer hatte er über das Bierglas hinweg auf die Wände des uralten Gasthofes geschaut, an denen nicht nur Bilder und Schnitzwerk in Fülle hingen, sondern zwischen den alten Uhren auch noch die schönen Einlegearbeiten, die ganze Bilder aus der Hornberger Geschichte darstellen.

Ganz langsam ging es dem Fabrikanten und Bürgermeister auf, was der Johann Georg wollte.

„Du willst wohl Schwarzwald-Intarsien herstellen. Sind deine Fotografien und dein Verlag nicht genug, außerdem machst du doch auch noch den Konservator von allen möglichen naturhistorischen Sachen?"

Johann Georg lächelte.

„Ich glaube, daß wir Schwarzwälder dazu in der Lage sind, auf unsere kleinen Uhren, auf unsere Tische und Bänke und vor allen Dingen auch auf kleine Bilder die Materialien, die du hier tonnenweise herumliegen hast, zu verwenden. Ich habe die ganze Nacht versucht, mir so etwas zu komponieren und – hier ist eine Probe …"

Damit reichte er dem Bürgermeister seinen nächtlichen Versuch hinüber, und der war baß erstaunt, wie lebendig die Farben und Maserungen der verschiedenen Hölzer auf dem kleinen Bild hervortraten.

„Sehr schön, Johann Georg, sehr schön …", murmelte er nur und gab dem kleinen Fotografen das Bild zurück.

Es hatte sich wieder einmal gezeigt, daß der kleine Städtlefotograf ein Mann der Ideen war, ein kleines Schwarzwälder Genie, denn kaum ein paar Tage später holten seine Mitarbeiter mit einem kleinen Leiterwagen wohl geordnet in verschiedensten Kartons die unterschiedlichsten Hölzer in feinsten Scheiben ab, um neben dem Gravieren von Platten und dem Kolorieren und Retuschieren auch noch Holzintarsien nach Vorlagen der Fotografien von Johann Georg anzufertigen.

Und es gelang, zwar ganz allmählich, aber doch mit großer Hingabe an das Objekt. Einige Wochen später waren die ersten Schwarzwaldhäuser und Landschaftsmotive, bestehend aus reinen Holzspänen mit einer leichten Glasur darüber, in den Schaufenstern von Johann Georg Fleig ausgestellt. Die Geschmäcker waren wie immer etwas verschieden bei einer neuen Methode der Bilddarstellung, aber recht bald merkten die Fremden im Städtle, daß diese kleinen Kunstwerke, die hier wohlfeil angeboten wurden, nicht nur das Motiv sehr schön darstellten, sondern auch die Materialien aus dem Schwarzwald selbst stammten, nämlich aus Holz und Spänen und ein wenig Leim. Sie wußten allerdings auch, und das sah man an der Signatur, daß darunter die Meisterwerke des kleinen Fotografen Johann Georg Fleig als idealisierte Zeichnungen zugrunde lagen.

Ein kurzer Weg hinüber zu Wilhelm Lehnis, dem Uhrenhändler, erbrachte einen weiteren möglichen Umstand zutage: Der Lehnis war nach den schönen Holzbildern des Johann Georg ganz verrückt, und es war gar nicht in seiner sonst so ruhigen Schwarzwälder Art, gleich darauf abzuheben, daß er bitte seine kleineren und größeren Bilder auch in seine neuen Uhren einbauen könne. Und so stellten im Laboratorium des kleinen Johann Georg Fleig seine Bediensteten unter seiner Anleitung neben den Fotografien, den Ansichtskarten und Kunstdrucken auch die Baumstammbilder her, die der Johann Georg so getauft hatte. Schwarzwälder Intarsien wollte er sie nicht nennen, denn das schien ihm zu hochfahrend, und so nannte er sie schlichtweg Baumstammbilder, was nichts anderes heißen sollte, als daß Form und Inhalt in diesen Bildern in eigenartiger Weise zusammenkamen, die hölzernen mächtigen Schwarzwaldhöfe in Holz nachgezeichnet, genauso wie die alten Mühlen in ihrer malerischen Lage in den kleinen Wiesensenken – nachgezeichnet aus verschiedenfarbigen Holzspänen. Einklang in der Natur bis zum Bild, und die Farben der Natur lagen in den Holzspänen. Farbbilder mit Holzspänen nach Motiven des kleinen Fleigle, das war ein weiterer Artikel, der von der oberen Werderstraße aus in die halbe Welt verschickt wurde. Die Baumstammbilder eines kleinen Schwarzwälder Genies.

Kapitel 14 –
Im Städtle

Johann Georgs Chemikalien mußten gekauft werden, und wer war hier in der Lage, ihm diese nicht gerade gebräuchlichen Ingredienzien zu besorgen? Auf seinen kleinen Beinen ging er das Städtchen hinunter und schaute sich einen um den anderen der zahlreichen kleinen Läden an. Die Bäcker und die Metzger und die Lohgerberei kannte er aber alle. Die zahlreichen Hotels und Gasthäuser waren ihm auch schon, zumindest die meisten, von außen bekannt. Seine hochgeachteten Uhrmacherkollegen hatten so etwas auch nicht, vielleicht gerade noch der Bildschnitzer Lehnis, der aus seinen übrigen Kuckucksuhren-Kollegen als besonders innovativer Unternehmer turmhoch herausstach. Der gab ihm auch den Rat, sich an den einzigen zu wenden, der hier im Städtchen so gut wie alles besorgen konnte. Es war der Kaufmann Friedrich Schmidt, der bereits seit 1844 ein kleines Geschäftchen neben dem Rathaus sein eigen nannte. Er war ein Pfiffikus allererster Güte, und talauf, talab wußte man, daß dieser bescheidene Einzelhändler alles besorgen konnte, was es gab oder was fehlte, sei es mit der Extrapost oder mit diesem neuen Dampfvehikel oben am Bahnhof. Dort hatte er sich sogar ein kleines Depot eingerichtet neben dem Jung'schen Bahnhofsgasthaus, und von dort bezog er aus dem Rheinland Dinge, die bis dato in dem engen Waldstädtchen nicht bekannt waren. Jetzt amtete sein Sohn Adolf Friedrich mit Senior Friedrich in dem kleinen, bis an die Decke mit Waren vollgepfropften Haus neben dem Rathaus. Johann Georg ging zu den beiden und bestellte seine Dinge, die er brauchte, Silberbromid, Glasplatten in verschiedenen Größen, Farben und Kupferplatten.

„Kupferplatten? Zu was braucht der Fotograf Fleig Kupferplatten?"

Friedrich Schmidt betrachtete sein kleines Gegenüber, das kaum über den Ladentisch schauen konnte, kritisch. Mit hoher Fistelstimme kam's dann zurück:

„I will von meine Glasplatte-Negativen emol versuche, Kupferdrucke zu mache. I weiß, daß es goht, aber jetzt han i Zit, des zu probiere …"

Der Kaufmann Friedrich Schmidt notierte sich seine bescheidenen Wünsche, wackelte mit seinem großen, massigen Kopf hin und her, meinte aber, daß er per Telegraf in Offenburg einmal nachfragen wollte, ob diese Wünsche für Hornberg erfüllbar waren.

Kupferplatten! Das war doch etwas ganz Seltsames! Was wollte denn der kleine Fleig mit solchen

Dingen? Den Fotografenkram, den konnte man sicher irgendwoher besorgen, aber Kupferplatten? Sohn Adolf Friedrich Schmidt, der Juniorchef des kleinen Ladens, wußte aber bald Rat, und tatsächlich kamen einige Tage später die gewünschten Fotografenartikel samt den Kupferplatten bei Johann Georg Fleig an.

Was hatte er jetzt ausgeheckt? Gehörte das zu seinem Fotografenberuf? Aber der junge Adolf Friedrich lieferte seine kleine Fracht an der Werderstraße ab und machte sich keine größeren Gedanken über deren Verwendung. Johann Georg packte das Bestellte aus und verschwand mit den wenigen Kupferplatten, die er jetzt sein eigen nannte, in seinem Labor. Ein kleines Buch hatte er sich noch bestellt, ‚Der Lichtdruck und die Fotolithographie' von Dr. Julius Schnauss. Johann Georg war auf die Idee gekommen, seinen Bildern eine größere Verbreitung zu gönnen, wußte er doch, daß seine Fotografien alles andere als kleine Reportagen waren. Er wußte über die Qualität seiner kleinen Kunstwerke schon Bescheid und wollte mit dem Lichtdruck versuchen, die sonst so mühsam hergestellten Glasplattenabzüge zu vervielfältigen, und zwar so zahlreich, wie sie von den vielen Fremden verlangt wurden. Die Begeisterung über den Schwarzwald war in der damaligen Zeit groß, und die Wildnis vor der Haustür der großen Städte im Rheinland mit ihren ‚ursprünglich gebliebenen

Eingeborenen' lockte so manchen Stadtmenschen aus den schmutzigen Großansiedlungen im Ruhrgebiet und in Berlin in diese Gegend. Natürlich wollten sie etwas mitnehmen: Was eignete sich dazu besser, als Karten und Kunstdrucke anfertigen zu lassen, die der Wirklichkeit am nächsten standen, nämlich die fotografische Arbeit. Die Künstler wie Hasemann und Liebich waren hoch angesehen, aber ihre großartigen Gemälde und Zeichnungen waren nur teilweise in großen Stückzahlen zu erhalten, aber schon bei den Büchern des von Johann Georg so hoch verehrten kleinen Pfarrers aus Freiburg, dem Heinrich Hansjakob, zeigte sich doch, daß die Buchillustrationen dieses genialen Erzählers aus dem Schwarzwald in hoher Blüte standen und sehr gesucht waren. Die Bonz'schen Auflagen der Schwarzwaldbücher, die gerade eben herauskamen, zeigten die herrlichen Schwarzwaldansichten aus der Feder des Wilhelm Hasemann, und sie waren so der Natur nachgebildet, daß sie ausgezeichnet zu den einfachen Geschichten des Schwarzwaldes paßten.

Warum nicht so etwas mit den Bildern aus dieser malerischen Gegend in großer Stückzahl nachmachen? Johann Georg Fleig schwebten solche Gedanken seit seiner Ankunft in diesem Städtchen vor, aber es fehlten ihm sowohl die Kapitalien als auch die notwendigen Körperkräfte, um dies zu realisieren. Dann saß er stunden- und tagelang in seinem kleinen Labor, man sah ihn kaum ‚draußen auf der Gass' und er versuchte, die Schnauss'schen Ideen des Lichtdrucks und der Fotolithographie in die Tat umzusetzen.

Von Adolf Friedrich Schmidt bekam er so nach und nach auch die notwendigen Gravierinstrumente, und bald war seine erste Kupferdruckplatte nach einer seiner meisterlichen Fotografien soweit, daß man versuchen konnte, sie in die Serie gehen zu lassen. Also nahm der Johann Georg sein Erstlingswerk und trippelte hinüber über die Werderstraße[15]. Es war nur ein paar Häuser weiter, wo in der Tiefe des Kellers manchmal schweres Maschinengepolter zu hören war, das Reich des Adolf Kammerer, der den ersten Druckereibetrieb in Hornberg sein eigen nannte. Dort unten standen nach dem deutsch-französischen Krieg die allerersten Druckplatten für die ‚Schwarzwälder Chronik', und zweimal in der Woche sah man seine Frau, die vom Läuferhof in Niederwasser stammte, hinuntergehen zum Rathaus, um die fertigen Exemplare der Lokalzeitung zunächst im

---

[15] Werderstraße ist die Ergebenheitsadresse der damals nationalistischen Bewegung in Deutschland für den General von Werder, der 1870 mit seinem berühmten badischen Armeecorps dem französischen Generalskollegen Bourbaki eine vernichtende Niederlage beibrachte. Die Werderstraße gibt es heute noch, nur weiß kein Mensch mehr, warum sie diesen eigenartigen Namen trägt.

Rathaus und danach bei Adolf Friedrich Schmidt abzugeben.

Der Meister Kammerer schaute nicht schlecht, als das kleine Männlein die Haustreppe herabgelaufen kam und sich zwischen seinen Druckmaschinen staunend umherbewegte. Johann Georg hatte von der berühmten ‚Schwarzen Kunst‘ keine allzu große Erfahrung, hatte aber sowohl in der Zinzendorfschule als auch mit seinen privaten Recherchen sich eine Menge an Wissen angeeignet, was er mit seiner Fistelstimme jetzt dem Meister Kammerer in Frage und Antwort zu verstehen gab. Die beiden wurden gute Freunde, und zwar nicht nur deshalb, weil sie beide ein Geschäft von der Sache erhofften – das war damals überhaupt nicht sicher –, sondern der kenntnisreiche Johann Georg und der äußerst innovative und mutige Herausgeber der einzigen Zeitung für Hornberg, Gutach, Reichenbach, Niederwasser und Gremmelsbach waren aus ähnlichem Holz geschnitzt. Sie waren zwar äußerlich grundverschieden, der stämmige, mächtige Druckereibesitzer, der seine Maschinen mit Tretbalken und riesigen Schwungrädern in Bewegung setzen mußte, und der kleine, zerbrechliche Fotograf aus dem Nachbarhaus.

Der Adolf Kammerer nahm die erste Druckplatte von Johann Georg in die Hand, betrachtete sie lange und befand sie für gut. Er würde sich darum kümmern! Johann Georg bekam am nächsten Tag die ersten Druckfahnen seines ‚Schwarzwaldhauses aus dem Gutachtal', und beide, Drucker wie Fotograf, waren's zufrieden. Das herrliche Bild eines strohgedeckten Hauses war das erste Werk, das die beiden zustande gebracht hatten, und es war zweifelsohne eines der besten Druckerzeugnisse, das den Druckereibetrieb der Hornberger Lokalzeitung jemals verlassen hatte. Johann Georg saß lange vor den ersten Produkten, die alles andere waren als nur ein fotografischer Abzug eines Bildes von der Glasplatte. Stundenlang war er darüber gesessen und hatte das Bild nach seinem Gusto verbessert, Linien gezogen, geschwärzt und aufgehellt, wo er es für richtig hielt. Ein Zeichner hätte nicht weniger Zeit dafür verwenden müssen, um so etwas Künstlerisches herzustellen.

Und so kam es, daß Johann Georg über seinen ersten Bildern auf die Idee kam, künftighin seine Fotografien zusammen mit dem Nachbarn Kammerer in großen Stückzahlen herauszubringen, die Rückseite mit einem Postkartenvordruck zu versehen und – nicht zu vergessen – das Ganze zu signieren.

Aber das genügte nicht, überlegte er sich. Die Aufträge würden sehr wahrscheinlich in die Höhe gehen, und dann wäre ein solcher Einmannbetrieb wohl nicht mehr zu halten…

Im Städtle

Johann Georg setzte seine Melone auf, zog seinen Bratenrock an und trippelte hinunter ins Rathaus. Dort bat er um eine kurze Audienz beim Matthäus Vogel, und der ließ ihn auch recht bald an seinen Schreibtisch vor.

„Herr Fleig, was git's?"

Und dann saß der kleine Mann, seinen Hut auf dem Schoß, auf dem viel zu großen Besucherstuhl und erklärte dem blitzgescheiten Ortsbürgermeister seinen Plan, den vielen hier ankommenden Fremden kleine Postkarten zu verkaufen, die sie an den wunderschönen, malerischen Ort Hornberg und seine umliegenden Gemeinden erinnern konnten. Und außerdem könnte man mit großen Stückzahlen der schönsten Karten vielleicht sogar eine Werbung für den aufstrebenden Luftkurort Hornberg machen, was vielleicht weitere Gäste ins Land locken würde. Der Bürgermeister blickte sein gescheites Gegenüber ruhig an, und mit jedem Satz, den die Fistelstimme Johann Georgs formulierte, wuchs sein Interesse immer mehr. Johann Georg mußte keine große Überzeugungsarbeit mehr leisten, denn vor ihm saß nicht ein bedächtiger und vorsichtiger Beamter und Verwalter, sondern ein äußerst umtriebiger, gescheiter und innovativer Fabrikant, der diesen Bürgermeisterberuf eigentlich nur im Nebenbetrieb erfüllte, und das mit Bravour. Bald waren sich die beiden, die sich sowieso vom ersten Augenblick an äußerst sympathisch vorgekommen waren, handelseinig. Johann Georg Fleig würde mit Hilfe des Bürgermeisters recht bald in den Besitz eines Verlages kommen, der sich in der Hauptsache mit Ansichtskarten, Kunstdrucken, Lithographien, Lichtdrucken und ähnlichem befassen würde.

Und so wurde ein paar Tage später durch den ‚Beirichter' Lauble ein gesiegeltes und vom Bürgermeister unterschriebenes Dokument ‚ad personam' vorbeigebracht und Johann Georg quittierte das neue Dokument gerne:

„J. G. Fleig
Hornberg im Gutachthale
Photograph und photographischer Verlag
Werderstraße"

Johann Georg war's zufrieden, jetzt konnte er seine wunderbaren Zeichnungen in einem viel größeren Rahmen unter die Menschen bringen, denn er war sich dessen bewußt, daß seine Zeichnungen, Fotografien und Kolorierungen etwas wert waren, und das mit Recht.

Kapitel 15 –
Johann Georg und sein Kaiser

Ein großer Festtag war angekündigt und es drang bis in die letzten Täler und Zinken unseres Schwarzwaldes: Der Kaiser hatte sich angesagt, wieder einmal in unsere Gegend zu kommen. Plötzlich wurde es lebendig im sonst so beschaulichen Schwarzwald, Weltgeschichte und Weltbedeutung kamen auf einmal in der Person eines Mannes auf unsere Berge. Schon vor zwei Jahren war Seine Majestät, der Kaiser Wilhelm II., durch den Schwarzwald gekommen, und die Begeisterung war riesengroß. Die Honoratioren des ganzen Kinzigtals, des Gutachtals und der benachbarten Bergtäler des Reichenbachs und des Niederwassers waren damals ganz aus dem Häuschen, als sich ankündigte, daß der so verehrte Kaiser durch ihre Wiesen und Wälder gehen würde, um mit seinem Freund, dem Fürsten Fürstenberg, in den Wäldern zu jagen.

Nur, vor zwei Jahren war es halt so, daß kaum einer der einfachen Städtlebürger aus Hornberg den großen Mann zu Gesicht bekommen hatte, da er eben nicht mit dem Zug ankam, sondern von Donaueschingen mit einer Kalesche den Schwarzwald hinabgereist war und lediglich den äußersten Punkt der Gemeinde Reichenbach besucht hatte, den Windkapf, eine kleine, weltabgeschiedene, idyllische Wirtschaft auf dem höchsten Berg des Reichenbachs. Noch lange sprach man von diesem hohen Besuch – den außer den braven Kapfleuten eigentlich kaum einer mitbekommen hatte. Aber es reichte, daß der Kaiser ihren Boden betreten hatte. Es war fast so, wie wenn ein großer Kirchenfürst Fluren und Auen gesegnet hätte, so tief war der Respekt und die Verehrung für den Repräsentanten des Deutschen Reiches.

Auch Johann Georg Fleig war ein bekennender Patriot des Reichsgedankens, mit dem er nun groß geworden war. Er kannte ja gar nichts anderes als nationalistische Begeisterung für das neu geschaffene Deutschland durch Bismarck und den Kaiser Wilhelm I. Von früher Jugend an bereits in der Zinzendorfschule hat man ihm den Respekt vor dem preußisch-protestantischen Kaisertum eingeflößt, und der kleine Fotograf wurde ein Patriot, ein kaisertreuer Anhänger. Kein Wunder, daß er wenige Jahre zuvor sich in der evangelischen Gemeinde zu etwas Besonderem angemeldet hatte, mit dem er sich voll und ganz identifizierte: Der Beitritt zum Jerusalemverein. Wie kam ein kleiner Hornberger Fotograf zu einer derartigen Vereinsmitgliedschaft, und was war dies für eine eigenartige Verbindung?

Johann Georg und sein Kaiser

Der Kaiser Wilhelm I. oder besser gesagt seine Frau, die Kaiserin Augusta, gründete einen Bekehrungsverein der protestantischen Christen für Araber im Heiligen Land. Die arabischen Volksstämme sollten preußisch-protestantische Christen werden, aufrecht, halsstarrig, tief religiös, sozusagen Herrnhuter Brüdergemeine im Orient. Die Vorliebe unseres Kaisers für Arabien hatte schon lange Wurzeln in der Geschichte, und gerade als die Schwarzwaldbahn in der ganzen Welt berühmt wurde, bot der Kaiser dem Sultan im damaligen Osmanischen Reich die Entsendung von Ingenieuren und Bauarbeitern für den Bau der Bagdadbahn an. Deutschland war damals die einzige Nation, die in der Lage war, ein derartiges Bauwerk zu vollenden, und die Begeisterung über die deutsche Ingenieurkunst war riesengroß. Warum also nicht im selben Zug auch versuchen, die armen Muselmänner mit demselben Geist des protestantischen Christentums zu überzeugen, der in der Ingenieurkunst so gut funktionierte! Der Jerusalemverein war eine patriotische, religiöse Pflicht für Johann Georg, und er zahlte gerne seine zehn Mark im Jahr als Mitgliedsbeitrag und manchmal noch viel mehr, um seinen Glauben auch in andere Länder getragen zu wissen. Johann Georg Fleig überlegte nicht lange, ob es wirklich richtig wäre, Muselmanen zu Protestanten zu machen – es war einfach selbstverständlich für ihn. Der nicht gerade schwerreiche Fotograf war von einer tiefen Dankbarkeit gegenüber seinen Lehrern in der Zinzendorfschule von Königsfeld ergriffen, und diejenigen, die ihn trotz seines schweren körperlichen Gebrechens selbstverständlich in ihre Reihen aufgenommen und ihm eine Schulbildung geschenkt haben, und das alles in einem tiefen christlichen Geist und Selbstverständnis, waren ohne nachzudenken auch die Autoritäten für ihn, die Muselmänner zu Christen machen konnten. Johann Georg zahlte seinen Obolus gern, dachte er doch dabei, daß er damit ein bißchen positive Weltgeschichte mitzugestalten half, und außerdem war es nichts anderes als ein bißchen gelebte Dankbarkeit gegenüber seiner über alles geschätzten Schulwelt in Königsfeld. Kein Gedanke, daß die Moslems in Palästina andere Vorstellungen vom Glauben hatten als die Welt der gestärkten Häubchen von Diakonissen oder der engen Halskrausen urprotestantischer Prediger. Der Jerusalemverein, zu dem er in der Kaiserzeit seine Beiträge entrichtete, war schlichtweg für ihn wie zurückgezahltes Schulgeld, das er sich einmal geliehen hatte. Und wenn dann noch der evangelische Pfarrer in der Stadtkirche von den großartigen Aktivitäten dieses Vereins im Heiligen Land berichtete, dann war Johann Georg zufrieden mit sich und der Welt. Was sollte denn daran falsch sein? In seinem

Johann Georg und sein Kaiser

Laden neben der Gutach konnte jeder Besucher und Kunde über seinem Fotografentisch das gerahmte Bild seiner Mitgliedschaft im Jerusalemverein bewundern. Es war somit fast eine patriotische Pflicht, jedem zu zeigen, wes geistigen braven Sinnes er war.

Und jetzt sollte der Kaiser wieder in die Gegend kommen, und diesmal wollte es sich der kleine Mann nicht entgehen lassen, seinen unbestritten absoluten Vorgesetzten auf dieser Welt einmal selbst zu sehen. Den kaiserlichen Besuch auf dem Windkapf hatte er nicht mitbekommen, denn dazu hatte er keine Einladung erhalten, und seine kleinen Füße trugen ihn nicht so leicht den steilen Reichenbach hinauf, daß er einmal nur so aufs Geratewohl hätte schauen können, wo derzeit gerade sein Kaiser war. Aber diesmal war es anders. In der Zeitung war angekündigt, daß Seine Majestät, Kaiser Wilhelm II., bei seinem lieben Freund, dem Fürsten zu Fürstenberg, einen Besuch abstatten wollte. Dabei stand der Tag und die Zeit der kaiserlichen Ankunft am Schloß von Donaueschingen.

Das wollte sich Johann Georg nicht entgehen lassen, denn jetzt wußte er im Vergleich zum ersten kaiserlichen Besuch das Wo, Wann und Wie. Emsig wurde ein Schild geschrieben, daß das fotografische Atelier und der kleine Verlag samt der Tierpräparation für einen ganzen Tag geschlossen werden mußte wegen des Kaiserbesuchs in Donaueschingen! Seine

Hornberger Landsleute verstanden dies sehr gut, kannten sie doch seine brave, patriotische Gesinnung, die aber allerdings in der damaligen Zeit keine Seltenheit war. Johann Georg wollte als Krönung seiner bisherigen Fotografenlaufbahn den Kaiser porträtieren! Das wäre die Freude seines Lebens gewesen, wenn sein innig verehrter und geliebter Kaiser ihm auch nur für wenige Minuten vor die Linse gekommen wäre, um das Foto anschließend im Verlag zu vervielfältigen. Ein selbstgemachtes Kaiserporträt, das hatte ihm noch gefehlt, und dafür würde er weit gehen, so weit wie seine kleinen Füße ihn trugen. Vielleicht würde man ihm auch wegen seiner Kleinheit einen bevorzugten Platz in der allererstenReihe der Besucher geben, vielleicht sogar irgendwo dort hinter der Fahne des Jerusalemvereins.

Johann Georg packte seine Siebensachen zusammen, zog seinen besten Bratenrock an, den mit den kurzen Schwänzen am Rücken hinunter, staffierte sich mit einem neuen Stehkragen aus, die bunte Schleife unter dem Vatermörderkragen durfte nicht fehlen, genausowenig wie der kleine Brillant an der Hemdenbrust. Auf dem Kopf hatte er seinen neuen, schwarzen Hut, ein Hut wie eine englische Melone, den ihm der alte Kilgus von Haslach gemacht hatte, der weithin bekannte Hutmacher von Heinrich Hansjakob. Dann schulterte er seine Kamera, seinen Dreifuß und seine notwendigen Glasplatten, rief einen Lehrling und verschwand auf kurzen Beinen den Bahndamm hinauf zum Hornberger Bahnhof. Er war darüber gar nicht erstaunt, daß recht viele Leute in ihren Sonntagskleidern bereits auf dem Bahnsteig standen, um den Zug nach Donaueschingen zu nehmen und – wie er gleich aus den Gesprächen hörte – zum selben Zweck, nämlich zum Kaiserbesuch in Donaueschingen. Da waren die schönen, bäuerlichen Hornberger Trachten mit ihren Samtkitteln und breiten Hüten, dazwischen die Gutacherinnen mit ihren weithin sichtbaren roten und schwarzen Bollenhüten und schon ganz viele Städtlebürger, die mit Anzug und Weste samt den obligaten modischen Strohhüten auf die fauchende Lokomotive warteten, die eben über das stählerne Viadukt daherdröhnte. Johann Georg ließ sich von seinem Stift, der gerade einmal drei Köpfe höher war als er, seine Fotoausrüstung in eines der Abteile hieven, er selbst stieg mit großer Mühe und Anstrengung über die hohen Treppen des Eisenbahnwaggons seiner Ausrüstung nach und war froh, daß er zwischen neugierigen Zaungästen ein kleines Plätzchen gefunden hatte. Er war ja eigentlich auch nur ein kaiserlicher Zaungast, aber durch seinen patriotischen Geist und seine langjährige Mitgliedschaft im Jerusalemverein fühlte er sich fast schon der kaiserlichen Gesellschaft zugeordnet, zumindest innerlich.

Dann saß er am Fenster eines vom Ruß der Dampflokomotive fast verrauchten Abteils und schaute in die herbstliche Landschaft des Schwarzwaldes hinaus, die an ihm vorbeizog. Er liebte diese Welt sehr, wenn ihm auch die tiefen Täler, durch die der Zug eben fuhr, manchmal Angst machten. Die Tunnels taten dazu das übrige, denn alle paar hundert Meter verschwand die zischende und pfeifende Lokomotive in den engen Felsenröhren, und der Geruch verbrannter Kohle erfüllte die alten Personenwagen durch alle Ritzen.

Endlich war Johann Georg wieder in seiner Heimat, als der letzte Tunnel von Sommerau den Blick wieder auf die Schwarzwaldhochfläche freigab, seine so verehrte Heimat. Dort drüben lagen Mönchweiler und Peterzell und nur ein paar Kilometer weiter sein geliebtes Königsfeld. Er schaute mit dankbarem, versonnenem Blick in die Richtung seiner alten Schule.

Wieviel hatte er dort lernen dürfen, und wie sehr hatte man ihn, den Krüppel, unterstützt und etwas werden lassen. Und jetzt war er der Verlagsleiter, der Fotograf, der Tierpräparator und der Zeichner und Holzschnitzer Johann Georg Fleig aus Hornberg, hoch geachtet und überall bekannt.

Er dachte mit Dankbarkeit an seinen Lieblingslehrer, den Heinrich Barth, der ihm neben seiner tiefen Religiosität auch die Anfangsgründe der Fotografie

Johann Georg und sein Kaiser

beibrachte. Johann Georg mußte lächeln, als er sich daran erinnerte, mit welcher Freude der Heinrich Barth ihm das wenige, was man damals von der neuen Technik der Fotografie wußte, beigebracht hatte. Was hatte sich seither alles verändert! Fast nichts mehr ist so geblieben wie in der alten, heimeligen Welt der Zinzendorfschule, und doch war diese Zeit die beste in seinem Leben. Der alte Heinrich Barth hätte sich bestimmt gefreut, wenn er noch erlebt hätte, daß sein kleiner, mißgestalteter Zwergenschüler es zu einem ganz respektablen Fotografen gebracht hatte, und besondere Freude hätte er sicherlich daran gehabt, wenn er die phantastischen, künstlerischen Bilder gesehen hätte, die der Johann Georg mit seinen scharfen, wachen Motiv-Augen zusammenkomponiert hatte.

Jetzt wurde es im Zug lebendig, denn die Station Donaueschingen wurde ausgerufen. Bald hielt die Dampflok fauchend im neuen Bahnhof von Donaueschingen, der mit den kaiserlichen rot-weiß-blauen Fahnen geschmückt in der Herbstsonne glänzte. Johann Georg stand auf dem Perron und nahm vom Schaffner seine Fotoausrüstung entgegen, und der traute sich fast nicht, diese schwere Last auf den kleinen Mann aufzuladen, aber der kleine Fotograf ermunterte ihn nur, ihm diese gewohnte, schwere Bürde auf seinen kleinen Schultern abzulegen.

Die Straßen waren voll von sonntäglich gekleideten Menschen, die alle in Hochstimmung ein Ziel vor Augen hatten, nämlich das Fürstlich Fürstenbergische Schloß an der Donauquelle. Und dann stand der kleine Mann inmitten einer großen Menschenmenge, die sich erwartungsvoll am schmiedeeisernen Tor des Schloßhofes aneinanderdrängte. An ein Durchkommen war für den kleinen Johann Georg überhaupt nicht zu denken und, schwer bepackt wie er war, versuchte er mit seiner hohen Fistelstimme seine Schwarzwälder Mitbewohner dazu zu bewegen, ihm ein wenig Platz zu machen.

Man sah ihn fast gar nicht, erst im letzten Moment, wenn sich ein Angesprochener nach der hohen Stimme herumdrehte und – niemand sah, nur den großen fotografischen Holzkasten mit dem Messingrohr samt Linse und dem überdimensionalen Dreifuß, und das Ganze gekrönt von einer schwarzen Melone, unter der zwei kluge Augen sein Gegenüber anschauten.

„Lasset mich durch, ich bin de Fotograf und muß de Kaiser fotografiere ..."

Unmut, Gelächter. Wenn der Fotograf ein Lebendgewicht eines Schwarzwälder Bullen gehabt und dementsprechend mit den schweren Apparaten herumgefuchtelt hätte, wäre ihm der Weg wohl freigemacht worden, aber so stand ein kleiner Zwerg mit

Johann Georg und sein Kaiser

hoher Stimme eingekeilt in der Menge und ahnte nur, daß da vorne irgendwo einmal der Kaiser der Deutschen vorbeigehen würde.

„Lend mi durch, ich bin von de Press …"

Jetzt gab es wenigstens eine kleine Bewegung in der sperrigen, sich vor ihm befindlichen Menschenmenge.

„Von der Presse, dann isches was anderes …", tönte es aus der ersten Reihe, und der kleine Johann Georg wurde widerwillig nach vorn durchgelassen. Er schaffte es gerade einmal, in der zweiten Reihe zwischen zwei dicken Wibervölkern einen Platz zu ergattern, er mußte schon die beiden weiten Röcke erst einmal ein bißchen auf die Seite schieben, bevor er sein Dreibein aufstellen konnte. Erst mit der Chemiekiste, die ihm zum Hinaufsteigen diente, war er in der Lage, die hölzerne Kamera auf dem Stativ anzubringen, und von dort aus sah er etwa in Schulterhöhe der Umstehenden, daß da vorn am Eingang des Schlosses sich noch nichts an kaiserlicher Präsenz zeigte.

Die Kamera wurde zwischenzeitlich akzeptiert, aber er war stets auf der Hut, daß die nachdrängende Menge ihn nicht samt dem Stativ auf das nahe Eisengitter abdrängte. Hier war seine Stimme mit den Vorsichtrufen natürlich wieder kontraproduktiv, denn er stellte weiß Gott nicht das Idealbild eines Pressefotografen seiner kaiserlichen Hoheit Wilhelm II. dar. Das

Gardemaß hatte er bestimmt nicht, und das geistige Gardemaß sah man ihm nicht an.

Johann Georg richtete seine mitgebrachten Platten, kroch mit seiner Melone unter ein schwarzes Tuch an der Hinterseite der Kamera und begann seine Vorbereitungen für die kaiserliche Aufnahme, indem er die erste Silberbromidglasplatte mit Gelatine bestrich. Jetzt hatte er vielleicht 15 Minuten Zeit, bevor die Platte unbelichtet nichts mehr taugte. Die Schnur zum Abziehen des Deckels vor der messingenen Linse hatte er in der Hand, und jetzt hieß es nur noch, auf den Herrscher der Preußen und übrigen Deutschen zu warten. Johann Georg stellte sich so allerlei Szenerien vor, wie der mächtige Mann vor ihm stehenbleiben würde, um ihm, dem kleinen Hornberger Hoffotografen, die Ehre zu erweisen, in seinen Kasten zu springen, wenn es auch nur mit Hilfe seiner Gestalt und in Form eines Negativbildes war. Er überlegte sich, wie er wohl die hehre Herrschergestalt, einmal voll entwickelt, in einen goldenen Rahmen stellen und mit seinen Initialen J. G. F. im Fenster der Werderstraße in Hornberg ausstellen würde. Was gäbe es dann da für einen Zusammenlauf.

„Kommet alle her und schauet, der klei Fleigle hett de Kaiser fotografiert…"

Er mußte lachen, denn er hatte weiß Gott schon genug hervorragende Aufnahmen gemacht, die ihn als einen der besten Porträtfotografen der ganzen weiten Umgebung auszeichneten. Aber es hing halt doch daran, wen man fotografierte, und bei aller Liebe zu seinen einfachen Menschen, die er so gern in Silberbromid auf Glas festhielt, war natürlich der Kaiser der Deutschen das größte Objekt, das er je vor die Linse bekommen hatte. Er überlegte sich, wie er den Kaiser in die Mitte des Bildes bringen konnte, denn mit der Kamera nachfahren konnte er nicht und das Stativ zu verrücken war wegen der großen Menschenmenge absolut unmöglich. Also wie sollte es gehen? Der Kaiser würde doch nicht ihm, dem kleinen Zwerg, die Ehre geben und vor ihm stehenbleiben, und zwar genau so wie er, Johann Georg Fleig, es wünschte und brauchte? Er sah sein schönes Kaiserbild recht bald in alle Lüfte zerfliegen. Es wäre doch zu schön gewesen, die Sache mit dem Goldrahmen, der Vergrößerung und der staunenden Menschenmenge in seiner jetzigen Heimatstadt Hornberg.

Er schaute sich um und studierte seine Umgebung. Viele brave Gesichter waren darunter, erhitzt und aufmerksam, wundersüchtig, neugierig und sogar hysterisch. Wohin er schaute, es gab nur erwartungsvolle Gesichter. Gerne hätte er jetzt seine Kamera umgedreht, um die interessanten Gesichter seiner Mitmenschen auf die Glasplatte zu bannen, denn das schien ihm doch weit eher von Bedeutung, als nur einen

Menschen festzuhalten, den er sehr wahrscheinlich sowieso gar nicht richtig zu Gesicht bekommen würde. Seine lebendigen, blauen, klugen Augen suchten sich bereits andere Motive, denn er fixierte nichts lieber auf die Platte als interessante Menschen und ihre Physiognomie. Er überlegte lange, ob es sich für ihn als Fotograf und als Mensch Johann Georg lohnen würde, in dieser Reihe auszuharren, bis er den einzigen Menschen erblicken würde, auf den hier die ganze Welt wartete, oder ob er sich den unzähligen anderen Menschenkindern zuwenden sollte, die sich alle nur mit dem einen Gesicht abgeben wollten, dem eines imaginären Führers und Fürsten aller deutschen Menschen.

Johann Georg überlegte, daß er eigentlich seine Platten lieber dazu verwenden würde, auf einem lebendigen Viehmarkt seine Originale von Mensch und Tier festzuhalten, ein malerisches Motiv und einen idealen Kontrast zu finden, Motive, die ihn bisher doch ein halbes Leben begleitet hatten. Und jetzt war plötzlich der Künstler in ihm so weit degradiert worden, daß er mit der geballten Macht seiner Fähigkeiten einen einzelnen Menschen in all seiner Pracht festhalten sollte, nur deswegen, weil der halt einen einzigartigen Beruf hatte, nämlich Kaiser der Deutschen. Wie viele herrliche, markante Köpfe voll von Witz, Geist, Güte und Weitblick hatte er schon vor seiner Linse gehabt und porträtiert ... Es waren die Köpfe, die ihn interessiert haben, der Schwarzwaldbauer mit seinem wettergegerbten Gesicht, der hinter seinem Pflug herschritt, der Steinklopfer, der zufrieden auf der Straße neben einem großen Haufen Feldsteine saß, die Stallmagd, die ihrer schweren, unprosaischen Arbeit nachging, der Trunkenbold, dessen Augen leer und ausdruckslos in die Ferne sahen. Er war mehr der Zeichner und Künstler, der den Originalen und dem Charakter in den Gesichtern nachging und diese mit seinem Fotoapparat nachstellen wollte, und wenn es nicht ganz zum Ausdruck reichte, dann blieb ihm ja immer noch die Möglichkeit des Retuschierens, des Akzentuierens oder Kolorierens ... Er hatte eigentlich seine Objekte immer auch gleichzeitig gezeichnet, und jedes Motiv ging durch seine klugen Augen zunächst in sein Abbildungsvermögen und erst viel später danach mit einem leichten Aufklappen des Linsendeckels auf seine Glasplatte über.

Ob der Kaiser der Deutschen auch so ein Original war, wie er sie so zahlreich auf den Höhen und in den Tälern und Zinken des einsamen Schwarzwaldes erlebt hatte? Jetzt war plötzlich nicht mehr der Zeichner und Porträtist Johann Georg Fleig gefragt, sondern der Sensationsreporter aus Hornberg, der Mann der Presse, der seinen nach Neuigkeiten lechzenden

Städtlemenschen ein möglichst genaues Bild ihres Herrschers beizubringen hatte.

Die Aufgabe gefiel ihm jetzt nicht mehr besonders, im Gegenteil, er wollte bei seinen alten Leisten bleiben, die er in der Zinzendorfschule gelernt hatte: Menschen nicht so darzustellen, wie man sie von der bildlüsternen Gesellschaft haben wollte, sondern sie so zu nehmen, sie entwickeln zu lassen und das Beste in ihnen zu suchen, auch mit der Kamera, mit dem Retuschierstift und dem Farbpinsel, wenn nötig. Johann Georg Fleig merkte in diesem Moment, wie sehr er sich von den vielen Kollegen der Fotografierzunft unterschied, die sich in der Nähe des Tores bereits seit Stunden einen festen Stehplatz mit freiem Blick auf die kaiserliche Kalesche gesichert hatten. Der Künstler Johann Georg Fleig fand sich plötzlich neben Knipsern wieder und, wie er mit Bedauern feststellte, hatten manche schon diese neumodischen Kameras mit den Kurbelwellen an der Außenseite ihrer Holzkästen, mit denen sie den modernen Zelluloidfilm von einem Bild zum anderen fortbewegen konnten. Das kam bei ihm nicht in Frage und schon gar nicht in die Kamera. Das was dort vor ihm stand, kam lediglich durch die messinggefaßte Linse auf eine gerade Glasplatte, wurde einmal kopfüber optisch dargestellt und dann ohne Fehl auf der dünnen Glasplatte verewigt.

Es wurde unruhig um Johann Georg herum, und vom Städtchen herunter bis zum Schloß war jetzt ein einziges Hurra- und Hochrufen hörbar. Der Kaiser mußte wohl jetzt kommen, wenn die Geräuschkulisse das richtig verkündete. Erst waren Reiter mit Standarten zu sehen, stramme preußische Offiziere in schmucken Uniformen, die mit unbeweglichen Gesichtern auf ihren hufeklappernden, edlen Rössern vorbeitrabten. Kein Gesicht war es für Johann Georg auch nur im entferntesten wert, eine Platte mit so etwas zu vergeuden. Es waren Masken- und Hunderter-Gesichter, nichts Interessantes oder gar Originelles. Das Hurrarufen wurde intensiver, und jetzt sah er von ferne eine prächtige Kalesche mit rot-goldener Aufschrift, verschiedenen Krönchen und Wappen an den Türen, gezogen von vier Schimmeln, die besonders dämlich vor sich hinglotzten: Jeder Schwarzwälder Gaul hinter seinem Pflug machte ein intelligenteres und rechtschaffeneres Bild als diese eingebildeten Tiere. Oder schien es dem Johann Georg nur so zu sein? Die Tiere konnten ja weiß Gott nichts dafür, daß sie einen Kaiser ziehen mußten.

Johann Georg war jetzt durch die zahllosen lauten Hurra- und Hochrufe ganz irritiert. Obwohl die Menge noch nichts gesehen hatte, geriet sie außer Rand und Band. Hüte wurden geschwenkt und in die Luft geworfen, Regenschirme der Damenwelt wurden wie Fronleichnamsfahnen in die Höhe gereckt und das Klatschen nahm kein Ende, obwohl gerade einmal die vier kaiserlichen Pferde zu sehen waren. Die Kalesche war jetzt auf der Höhe von Johann Georg, und er überlegte sich lange, ob er die Linse öffnen sollte. Er zögerte. Erst wollte er das Objekt, weswegen er gekommen war, direkt ansehen. Jetzt stand das kaiserliche Gefährt innerhalb des Hofes und heraus stieg – ein einfacher Mann, angetan mit einem weiten, grünen Jagdmantel, mit schwarzen Stiefeln und einem eleganten Jagdhut, an dem eine kleine Feder neckisch grüßte. Es mußte der Kaiser sein, denn der aufwärts gerichtete Schnurrbart war unschwer als kaiserlich wiederzuerkennen. Jovial verließ der die Kutsche und wurde draußen von einigen Honoratioren empfangen. Johann Georg schaute sich den würdigen Empfang ruhig an, und jetzt meinte er, vielleicht den Kaiser, seinen Kaiser einmal in seinen Holzkasten hineintreten zu lassen.

Johann Georg öffnete die Linse, der Kaiser stand ganz weit von ihm weg und begrüßte eben ein Mitglied des angetretenen Fürstenhauses.

Ganz klein war er noch in der Ferne, und der kleine Fotograf konnte ihn unter seinem schwarzen Tuch soeben noch sehen, war aber viel zu weit entfernt davon, um ihn richtig auf seine Platte bannen oder gar ein Porträt von ihm machen zu können. Johann Georg Fleig war mißmutig, denn er war von seinem eigentlichen Genius, dem Einfangen von Menschen, Tieren und Landschaften so weit weg wie nie: Er war ein vermeintlicher Sklave eines Ereignisses geworden, ein kleiner Sensationsreporter, und das wollte er zeit seines Lebens nie sein. Eher gelangweilt schloß er die Linse, werkelte ein paar Minuten unter seinem schwarzen Tuch, fixierte die Glasplatte und beschaute sie sich nebenher. Es war ein Bild, so schlecht wie er es noch nie gemacht hatte – und vielleicht mit der wichtigsten Persönlichkeit, die er kannte, dem deutschen Kaiser Wilhelm, seinem großen Landesvater. Was für ein Unterschied war das zwischen dem letzten abgehärmten Schwarzwälder Bauernknecht, der im groben Zwillichzeug, unrasiert, mit der Pfeife zwischen den Zähnen ihm Porträt saß, und dem Kaiser. Johann Georg war ein Mann, welcher der Kunst viel näher stand als der Sensation.

Er packte, froh über seine Einsicht, seine schweren Gerätschaften wieder auf seine kleinen Schultern, stieg von seinem Chemiekoffer herunter und verschwand in der sich zerschlagenden Menge, die nur ein Thema kannte: Wir haben den Kaiser gesehen, vielleicht auch nur für Sekunden, aber wir waren in der großen Geschichte dabei. Johann Georg Fleig schleppte seine Gerätschaften wieder an den Donaueschinger Bahnhof und stieg eigentlich stillvergnügt hinauf in einen der zugigen Waggons, roch den Ruß und den Dampf der fauchenden und qualmenden Lokomotive und freute sich an der Landschaft seiner Heimat von Königsfeld und St. Georgen, die in den schönsten Farben an ihm vorbeizog. Bald schluckten ihn erneut die langen Tunnels der Schwarzwaldbahn zwischen St. Georgen und Hornberg, und als er dann sein Tal der Gutach vor sich sah und der Zug mit knirschenden Eisenrädern im Bahnhof Hornberg zum Stehen kam, war er froh, daß er sich ab dem nächsten Tag wieder seiner eigenen Aufgabe widmen konnte, dem Einfangen von besonders wertvollen Dingen in seinem kleinen, linsenbewehrten Holzkasten, nämlich von Schönheit, Wahrheit, von Menschenschicksalen und von seiner großen Liebe, der ganzen Schwarzwälder Heimat und seinen darin lebenden und arbeitenden Menschen …

Kapitel 16 –
Des Lebens Last

Johann Georg Fleig war ein weithin bekannter Mann geworden. Seine Schwarzwälder Fotografien hatten eine weite Verbreitung gefunden, seine kolorierten Kunstdrucke hatten großen Beifall erhalten, seine Glasbilder und die neuen Diapositive waren legendär geworden. Die Baumstammbilder, wie er seine Intarsien nannte, fanden überall Eingang in heimelige Stuben, und seine Arbeit als Konservator war talauf, talab sehr geschätzt. Es war fast zu viel für einen einzelnen Menschen, dieses kleine Imperium zusammenzuhalten. Ein Wibervolk hatte er nicht, das normalerweise einem Meister in der damaligen Zeit brav zur Seite stehen mußte, um das alles am Laufen zu halten. Ja, es war fast zu viel für einen gesunden Mann, der für so eine berufliche Belastung alle seine Kräfte hätten bündeln müssen, um der täglichen Last eines solchen beschäftigten Lebens gewachsen zu sein. Und der kleine Johann Georg Fleig?

Er machte genauso fort, wie er zu Beginn seiner Tätigkeit vor mehr als zehn Jahren im Waldstädtchen angefangen hatte zu arbeiten. Die Kunst ließ ihn nicht los, und jedes Bild, das er von seinem geliebten

Schwarzwald und seinen Städtlebürgern machte, konnte noch besser werden, zumindest war das seine Meinung. Nicht daß er ein Pedant gewesen wäre, im Gegenteil, er war ein großzügiger, weit denkender Mensch gewesen, aber seine Freude an der möglichst detailgenauen Reproduktion der Natur drängte ihn immer wieder zu Verbesserungen ein und desselben Themas. So konnte er einen malerischen Bauernhof sicher schon zweimal abgelichtet, entwickelt, retuschiert, koloriert und damit idealisiert haben, und doch war er mit dem Ergebnis nicht so ganz zufrieden.

Oft sah man ihn, wie er vor seiner großen Glasplattensammlung der Negative im Keller seines Hauses unter dem neuen Licht stand und stundenlang die Negative kommentierte. Seine Angestellten hörten ihn dann mit sich selbst hadern und lauthals mit seiner hohen Stimme Verbesserungsvorschläge machen – an seine eigene Adresse. Dann kam er aus dem Keller wieder heraus, nahm seine Glasplatten, schüttelte bedenklich seinen kleinen Kopf hin und her, und bei der nächsten Gelegenheit, wenn es das Wetter zuließ, legte er wieder seine alte Holzkamera auf den Rücken, nahm das Dreibeinstativ als Spazierstock und wanderte mit der schweren Last erneut zum selben Motiv, das er einige Zeit zuvor schon einmal aufgenommen hatte. Entweder gefiel ihm das Licht nicht oder die Tageszeit war nicht recht, es war zu dunkel oder zu zwielichtig, in jedem Fall war alles zu verbessern. Dann fanden ihn seine Mitbürger manchmal stundenlang auf einer Wiese sitzend vor, wo er wartete, bis vielleicht die oder jene Wolke sich verflüchtigen würde, um das malerische Tal noch freundlicher ausgeleuchtet zu bekommen, oder gerade im Gegenteil wartend auf diesen oder jenen Nebelstreif, der seinem Bild die nötige Tiefe geben und die Luft vor dem Gegenstand sichtbar machen sollte. Die Luft, das war sowieso etwas Besonderes, wie er immer zu sagen pflegte: „Ihr müsset die Luft fotografiere könne, sonscht gibt's kei Tiefe!"[16]

Überhaupt, es war ein Steckenpferd von ihm, denn das räumliche Sehen mit Objekt im Vordergrund und dem gleichzeitig sichtbaren Hintergrund waren ihm ein besonderes Anliegen. Und wenn bei Johann Georg an etwas Interesse bestand, dann war er gleich dabei, sich die notwendige Literatur anzuschaffen und das Ganze nachzubilden. In seiner stillen Stube saß er dann viele Stunden und las in bestellten Fotoblättern und in der einschlägigen Literatur.

---

[16] Es gibt einen Briefwechsel von Dr. Alex Jäckle, seinem Freund und Nachbarn, und dem Johann Georg Fleig. Dieser liegt dem Autor vor, allerdings nur in Fragmenten, und beleuchtet die Zeit nach seinem Weggang aus Hornberg, als er bereits als Philosoph und Privatier in unmittelbarer Nähe von Badenweiler lebte.

Die dreidimensionale Darstellung in der Fotografie hatte zur damaligen Zeit die allerersten Anfänge gemacht, da immer wieder gewünscht war, eine bildliche Szene in der ganzen räumlichen Tiefe erfassen zu können. Dies war mit der einfachen Fotografie zwar möglich, aber nur dadurch, daß der Betrachter die dritte Dimension in seinem Kopf wieder herzustellen versuchte. Wie konnte das sein, daß Menschen einen dreidimensionalen Gegenstand klar und deutlich in einem räumlichen Bezug erkennen konnten? Er staunte nicht schlecht, als er in einem Lehrbuch bereits die ersten Ideen darüber vorfand, und gleich war er dabei, es auszuprobieren. Da sprach ein äußerst sprachgewandter Mensch von der Stereoskopie und den dazu notwendigen Geräten.

Der Kaufmann Adolf Friedrich Schmidt hatte bald den Auftrag, ihm diese Dinge zu bestellen, und wenige Tage später war Johann Georg Fleig auch hier wieder in vorderster Linie der Neuerungen dabei. Ein Gegenstand wird von einer Kamera mit einem Abstand von 15 Grad aufgenommen oder, noch besser, eine Kamera mit zwei Linsen im Abstand belichteten dasselbe Objekt. Dann mußten die zwei entstandenen Bilder in einem Holzkasten mittels einer brillenartigen Optik angesehen werden, und wirklich: Der Stereoeffekt war in der Tat zu sehen, und auf einmal konnte Johann Georg klar definieren, daß die Kuh und die Hühner auf der

Wiese vor dem mächtigen Bauernhof nach Futter suchten, daß der Brunnen vor der Haustür plätscherte, daß der Bauernhof vor dem mächtigen Hochwald stand und daß die neuen Telegrafenmasten mit ihren Drähten das Bild wirklich in einem bestimmten Winkel auf und ab durchwanderten.

Die Stereoskopie war geboren und, kaum publiziert, bereits im Schwarzwaldstädtchen angekommen. Johann Georgs magische Kiste war schon installiert, und die Kundschaft drängte sich vor diesem Apparat, um mit großem Ah und Oh und allerlei Bemerkungen den einfachen optischen Trick der Fotografie zu kommentieren. Flugs nahm der kleine Mann auch diese Neuerung in sein Sortiment auf, und in der nächsten Werbeschrift stand, daß es in Hornberg jetzt ‚Stereoskope‘ gäbe, die jederzeit von ihm ‚billig und prompt‘ geliefert werden können. Es sprach sich landauf und landab herum, daß die neuesten Neuerungen in der bildgebenden Technik in Hornberg zu finden waren, beim ‚kleinen Fleigle‘, und mancher Meister oder Fabrikbesitzer suchte ihn auf, wenn irgend etwas aus seinem Betrieb abgebildet werden mußte, sei es zur Lehre oder zu Demonstrationszwecken.

In seinem Haus ging es emsig zu. Die Wibervölker kratzten, schabten, pinselten die Vorlagen ihres Meisters auf die Platten, und Meister Kammerer druckte in treuer Symbiose mit seinem kleinen Nachbarn die Elaborate. Die fehlende Farbe wurde durch Kolorierungen ersetzt und ergänzt, ganz besonders schöne Motive wurden gezeichnet und mit farbigen Holzschnipseln zusammengeleimt, seine Baumstammbilder. Und doch gefiel ihm der Massenbetrieb, der jetzt anfing, sein Geschäft zu überlaufen, nicht besonders. Er war in der Seele der kleine Künstler geworden, der aus der Zinzendorfschule die Freude an der Perfektion und der Gestaltung eines Motivs durch seinen geschätzten Lehrer Heinrich Barth mitbekommen hatte, und an diese Wurzeln besann er sich bei allem wirtschaftlichen Erfolg seiner Arbeit.

Er hatte jetzt Lehrlinge, die ihrem Meister sehr genau auf die kleinen Hände sahen. Es war nicht leicht, daß sie ihrem mißgestalteten Herrn jene Loyalität entgegenbrachten wie einem großgewachsenen Meister, vor dem sie schon rein körperlich gesehen Respekt verspürten. Aber es war unter ihnen einer, der Rudolph, der aus einer braven protestantischen Familie stammte, dem man den Respekt auch vor körperlichen Gebrechen bereits in der frühen Kindheit beigebracht hatte. Die beiden ungleichen Menschen sah man jetzt immer öfters hinaus in Wald und Flur wandern, der größere beladen mit allen notwendigen Foto-Utensilien und der kleine mit seinem Spazierstock, der ursprünglich aus drei Beinen bestand, seinem Stativ. So durchwanderten sie das ganze Gutachtal auf der Suche nach neuen Motiven und Perspektiven.

Diese Arbeit war, wie gesagt, dem Johann Georg die liebste, war sie doch der Urgrund seines wirtschaftlichen und persönlichen Erfolges. Alle seine weiteren Aktivitäten bis vielleicht auf die Konservatorentätigkeit hingen von seinem Auge ab, vielleicht in zweiter Linie von seinem technisch fotografischen Geschick. Und so wußte er wohl, daß er immer wieder an die Quellen zurückkehren mußte, von denen er gekommen war, nämlich von der Komposition seiner zauberhaften Fotografien und Nachzeichnungen. Stundenlang durchstreiften die beiden, manchmal auch begleitet von anderen Angestellten, die ausgedehnten Wälder, um bis zu den letzten malerischen Gehöften vorzudringen, die Johann Georg für die Nachwelt festhalten wollte. Es gab bei diesen Ausflügen nur sehr wenige Aufträge, die sie gleich in bare Münze umsetzen konnten. Meist waren diese Landschaftsaufnahmen das ganz private Interesse des Meisters, der mit seinen Ideen diese Bilder auf den Markt bringen wollte, nicht wissend, ob sie dem Publikum gefielen. Aber das konnte er sich jetzt leisten.

Aus dieser Zeit stammen wohl die schönsten Aufnahmen aus dem Schwarzwald und seiner Umgebung.

Manchmal nahm er aus seinem geschäftigen Laden Reißaus, belud sich wie in früheren Jahren mit seiner Kamera und verschwand für einen Tag irgendwohin, wovon seine Angestellten keine Ahnung hatten. Allerdings wußten sie es am nächsten Tag, denn die Ausbeute seines so heimlichen Ausflugs fand sich dann in einer ganzen Reihe von schönen Aufnahmen wieder auf den Lichtkästen in seinem Labor. Johann Georg durchstreifte die damalige kleine Welt und versuchte sie in sich aufzunehmen, wenn auch nur mit seinem fotografischen Holzkasten.

Sein Ausflug mit der neuen Bundesbahn bis an den Bodensee hinterließ seine Spuren: Die malerische Stadt Engen hatte es ihm angetan, und mehrere herrliche Bilder der alten Stadt sind bis auf den heutigen Tag erhalten. Der Bodensee war ein weiteres Objekt seines äußeren wie inneren Auges, und die Darstellung der auslaufenden alten ‚Hohentwiel', einer der schönsten Raddampfer des ganzen Sees, war es ihm wert, Stunden auszuharren, um den richtigen Moment in der Komposition des Gesamtbildes abzuwarten. Heraus kam – ein schwarz-weißes Gemälde, bei dem er Wasser, Luft und Erde samt dem rauchenden Feuer auf seine Glasplatte bannen konnte, ein Meisterwerk.

Nun, viele Jäger sind des Hasen Tod, das merkte er, als er durch die schöne Altstadt von Konstanz lief. In allen großen Straßen gab es jetzt Anfang des 20. Jahrhunderts bereits Fotografen mit neuen, kleinen, eleganten Geräten, die Fotografien nach dem derzeitigen Geschmack der Menschen herstellten. In den Auslagen war wenig Künstlerisches zu sehen, aber dafür viel Spektakuläres: Die neuen Benzinkutschen wurden schon abgelichtet, und zwar während der Fahrt! Ungeheuerlich, sagte er zu sich selbst, denn die Bewegung in der Fotografie festzuhalten schien ihm doch allzu absurd. Seine Fotografien benötigten wie Zeichnungen und Gemälde Zeit, Ruhe, ein präzises Auge und eben diese bestimmte innere Harmonie eines Bildermeisters, was man nur erfühlen konnte, aber nicht erjagen. Und so nahm er seine Glasplatten wieder mit nach Hause und vergrößerte sie zu seiner vollen Zufriedenheit. Die wenigen Bilder, die er auf dieser Exkursion gemacht hatte, überzeugten den kleinen, eigensinnigen Mann – und er legte sie zu seinen Akten.

Jetzt wäre doch eigentlich die Zeit gekommen, um einmal größere Reisen zu machen. Er konnte sie sich jetzt sehr gut leisten, die Eisenbahn hielt im Waldstädtchen fast vor der Tür und drunten in Offenburg war die Welt in alle Richtungen mit dem Dampfroß zu befahren. Es war für ihn selbst recht beschwerlich, eine lange Reise zu machen, da seine Körpergröße ihm Hindernisse setzte und seine Fotoausrüstung das ihre dazu tat. Aber die Zeit wußte Rat, und Johann

Georg fand in seinem Freund, dem Stadtphysikus und Hausarzt Dr. Alex Jäckle, einen Mitreisenden, denn auch der war ein durch und durch visueller Mensch, historisch sehr interessiert und ein begeisterter Schwarzwälder.[17] Also fingen die beiden an, in die nähere und weitere Umgebung zu reisen, und der gutmütige Doktor übernahm gern die Aufgabe des Lehrlings und trug die immer noch mächtigen und sperrigen Foto-Utensilien von einem Ort zum anderen.

Sie waren sich sehr ähnlich, die beiden, wenn auch äußerlich völlig divergent. Was den langen, schlaksigen Doktor angeht, so hatte er aber die Freude am Zeichnen und am Fotografieren von seinem kleinen Freund so sehr übernommen, daß er ihm auch geduldig an der Seite stand, wenn dem Johann Georg ein Motiv wieder einmal nicht gut genug war und er auf geänderte Lichtverhältnisse wartete, und das konnte dauern, lange ... Der Alex Jäckle wußte aber, daß aus dem braunen Holzkasten Kunstwerke herauskamen, die etwas mit einer besonderen Begabung zu tun hatten, die er nur ahnte. Der Landarzt folgte als Assistent dem kleinen Genius, und diese Freundschaft hielt für

---

[17] Von Dr. Alex Jäckle gibt es ein Büchlein über ‚Hornberg und seine Umgebung', in dem als einzige auch eine der schönsten Fotografien von Johann Georg Fleig zu finden ist: Hornberg mit dem Viadukt vom Rebberg aus vom Jahre 1895.

den Rest des Lebens. Es gab zwar keinen großen Markt, die Elaborate ihrer Reisen in klingende Münze umzusetzen, aber das war auch gar nicht der Sinn der Sache. Beide wollten Neues sehen, und das durch die Brille oder besser gesagt durch die Optik eines vorsintflutlichen Fotoapparates aus Holz mit einem Messingrohr auf der einen Seite, in dem eine Glasscherbe blitzte und in dem soviel Großartiges festgehalten werden konnte. So verschieden sie waren, diese beiden Freunde hatten sich gefunden.

Kapitel 17 –
Fleigles Freunde

Johann Georg wurde älter, und sein nur zarter Gesundheitszustand wurde durch die Strapazen seines Berufes, von dem er nicht lassen wollte, nicht positiv beeinflußt. Immer häufiger trippelte er die Werderstraße hinunter, überquerte die Straße, ging mühsam die hohen Sandsteinstufen zu seinem Freund Dr. Alex Jäckle hinauf. Dort war er ein gern gesehener Gast beim Chef der Praxis, ein weniger gern gesehener bei den Angestellten und Schwestern, denn der Alex Jäckle unterhielt sich immer sehr lange mit seinem Freund, und diese Zeit fehlte in einer alten Landpraxis eigentlich überall.

Seine Gelenke fingen ihn an zu schmerzen, aber das war bereits oben im hohen Schwarzwald auf dem Schloßhof so, wenn die schlecht geheizte Kammer, in der er dort zu wohnen pflegte, im Winter allzu eisig war. Seine Gelenke waren alles andere als in einem guten Zustand, und schon die angeborenen Gelenkveränderungen hätten gereicht, ihm die schwere Arbeit zu verbieten, aber so kamen noch die Unbilden des harten Winters im hohen Schwarzwald dazu, und das bekam ihm gar nicht. Jedes Jahr wurde es eigentlich schlechter, wie er konstatierte, und der Alex Jäckle riet ihm, wärmere Gefilde aufzusuchen, nach Norditalien zu fahren, um sich dort in die alte Wärmetherapie der antiken Römer zu begeben. Johann Georg horchte seinem befreundeten Hausarzt und Stadtphysikus gerne zu und lächelte still, schüttelte aber seinen Kopf, als er sich daran erinnerte, wieviel Arbeit und Entscheidungen zu Hause auf ihn warteten.

„Johann Georg, irgendwann wirst auch du müde, und deine Gesundheit, die ist nicht die allerstabilste, das weißt du doch schon seit Kindertagen …"

Der Alex Jäckle redete mit Engelszungen auf seinen lieben Freund ein, aber es nützte nichts, der Johann Georg wollte lieber ein bißchen badern, vielleicht auch ein wenig kuren im benachbarten Rippoldsau oder in St. Peterstal, aber von einem längeren Aufenthalt in der Wärme hielt er aus verständlichen Gründen nichts.

„I mueß noch so viel fotografiere, Motive gehn mer hier net us, i han se alle schon im Kopf und solang's noch goht, mach i noch schöne Bilder …"

Und so trennte man sich wieder für Wochen und Monate, und der kleine Mann nahm das ausgestellte, gut gemeinte Rezept mit leichter Resignation an.

„Welle mer hoffe, daß es hilft, Alex", und der legte seine Stirn in Falten und zuckte mit den Schultern. Er hatte den kleinen Mann ganz in sein Herz geschlossen und würde ihm am liebsten alles verschreiben, was ihm helfen könnte, aber er sah wohl, daß der kleine, zwergenhafte Mensch sich beruflich überforderte.

Johann Georg ging wieder an seine Arbeit und vergrub sich mit den neuen Platten, die es jetzt sogar von Agfa, einer deutschen Firma aus Berlin zu kaufen gab, in seinem Atelier. Stundenlang saß er so über seinen neuen Bildern, versuchte Stereoskopien zu verfertigen, und wenn ihm die Fotografie an diesem Tag nicht allzusehr behagte, dann nahm er sich in seiner wenigen freien Zeit der Hinterglasbilder an, die er mit großer Liebe kolorierte, jedes einzelne und sehr viele davon ...

Aber die Krankheit war nicht recht aufzuhalten. Das naßkalte Winterwetter in einem Schwarzwaldtal ist alles andere als günstig für Gelenkerkrankungen eines Zwergmenschen.[18] Der Johann Georg berat-

---

[18] Die Erkrankung des Johann Georg Fleig besteht in einem sogenannten achondroplastischen Zwergwuchs, das heißt, die Knorpelstrukturen sämtlicher Gelenke sind nicht richtig ausgebildet, und das von Geburt an. Die Erkrankung beginnt schon im Mutterleib und findet manchmal ihre höchste Expression bereits im Kindesalter, ganz sicher aber im frühen Erwachsenenalter. Aufgrund der sehr genauen Beschreibungen, die wir von seiner Umgebung, von Bildern und von Dr. Alex Jäckle haben, dürfen wir annehmen, daß dies eine erbliche Erkrankung ist, die auch bei den beiden Geschwistern des Johann Georg bereits unmittelbar nach deren Geburt zum Tod geführt hat. Besonders auffällig sind diese Menschen durch ihre Dysproportionen, die sich dahingehend äußern, daß

Fleigles Freunde

schlagte sich auch mit seiner Lieblingsschwester, die im Städtchen einen fast legendären Namen hatte und wie eine Florence Nightingale von Krankenlager zu Krankenlager lief. Auch die gab ihm den Rat, nicht mehr allzuviel Gesundheit in seinen Beruf zu investieren. Aber da kannte sie den kleinen Johann Georg immer noch schlecht. Erst recht kniete er sich jetzt hinein in die Produktion, und in mancher Tages- und Wochenzeitung erschienen nun seine Annoncen über seine Produkte in der Werderstraße 19. Seine guten Bekannten sterben recht jung in diesem Jahr, nämlich der Josef Ringwald, der Ratsschreiber, der ihm so viele Empfehlungen und Ideen gegeben hatte, und der von ihm so hochgeschätzte Dekan Max Roth. Der kleine Johann Georg war immer ein braver Kirchgänger gewesen, und auch heute noch übermittelte er dem Je-

---

zu einem kleinen Rumpf besonders kleine, dysproportionale Arme und Beine vorhanden sind, und diese weisen meist anlagebedingt schwere Veränderungen an den Knorpelflächen auf. Hiervon ist kein Gelenk der oberen und unteren Extremitäten ausgenommen. Die Intelligenz solcher Patienten ist keinesfalls eingeschränkt. Die Therapie ist auch heute noch außerordentlich schwierig und erstreckt sich auf Symptombekämpfung. Zur Zeit Johann Georgs gab es bis auf ganz wenige Symptomatika keine ausreichende Therapie, nicht einmal die der Beschwerden. Und so war der Rat seines Freundes Alex Jäckle, nach Norditalien in die weltberühmten Bäder von Abano und Montegrotto zu gehen, gar nicht so schlecht und würde auch heute noch Beifall finden.

rusalemverein jedes Jahr einen namhaften Geldbetrag. Es kam ihm gar nicht in den Sinn, darüber zu befinden, ob er damit wirklich etwas Rechtes tat, nämlich Araber im Heiligen Land zum protestantischen Glauben zu erziehen. Er war ein treuer Zinzendorfer Schüler und hatte das, was er dort an Gutem gelehrt bekommen hatte, bis auf den heutigen Tag für absolut selbstverständlich und nachahmenswert angesehen. Johann Georg erlebte die Zeiten in seinem Städtchen, und er nahm die damalige Welt mit philosophischer Gelassenheit hin. Die Schlacht bei Sedan wurde am 25. Jahrestag bombastisch gefeiert, und der kleine Johann Georg stand am Fenster und sah die Fackelzüge der Veteranen und hörte das begeisterte Hurra der zahlreichen Patrioten. Es war aber irgendwo nicht seine Welt, denn die gehörte den kerzengeraden, schlanken und sehnigen preußischen Soldaten, die mit klingendem Spiel in der Werderstraße vorbeidefilierten, nicht sehr, sondern eher der sozial engagierten Florence Nightingale, der Schwester Kathrin und ihren Kindern, Armen und Alten. Johann Georg mußte lachen, denn heute erzählte man ihm, daß der deutsche Patriotenbund auf Antrag zur Errichtung eines Völkerschlachtdenkmals bei Leipzig fünf Mark vom Gemeinderat bewilligt bekommen habe.

Die patriotische Pflicht auf kleinem, sehr kleinem Niveau. Ab 1901 sollte wieder wie jedes Jahr der Kaiser Wilhelm II. nach Donaueschingen zum Fürsten von Fürstenberg reisen, und erneut war trotz – oder vielleicht gerade wegen – der patriotischen Stimmung das Mißtrauen gegen nicht ganz so laute Hurra-Nationalisten ganz besonders stark. Jeder wurde auf Antrag des Amtmannes hin in den Wochen vor der Reise verdächtigt, und in den Wirtschaften waren seine Personalien festgestellt und gemeldet worden. Auch hier mußte der Johann Georg wieder lächeln, denn der kleine Patriot, eines der Urmitglieder des Jerusalemvereins der Kaiserin Augusta, war auch schon von den Ortsgendarmen zu seiner patriotischen Pflicht befragt worden, aber man glaubte, daß von dem kleinen Mann, der nur den Fehler hatte, bei den häufigen, zackigen, preußisch gefärbten Umzügen nicht mitgelaufen zu sein, keine große Gefahr ausginge. Kaiser-Erfahrung hatte er ja schon, und es drängte ihn nicht mehr, erneut den großen Preußen in seinen Kamerakasten einzufangen: Der letzte fast fehlgeschlagene Versuch war ihm noch aus Donaueschingen in schlechter Erinnerung.

Was für eine Zeit des nationalen Aufbruchs! Und er, der kleine Fotograf, war kein Mitglied in dieser Bewegung. Johann Georg war ein Mann der Kunst und der Bilder, vielleicht auch noch ein guter Geschäftsmann, aber niemals ein Militarist oder Nationalist. Er schaute mit seinen glasklaren Augen auf diese Welt, die ihm plötzlich eigenartigerweise verrückt vorkam, und am Ende dieses Nationalismus fand er nichts Gutes. Seine Welt der Schwarzwaldberge, der herrlichen Landschaften, der bäuerlichen und handwerklichen Traditionen war so voll und ganz der neuen Bewegung des Hurra-Patriotismus entgegengestellt, daß hier keine Symbiose entstehen konnte. Mit seinem großen Weitblick stand sein ganzes bisheriges Werk der fotografischen Kunst und seiner Verbreitung diesem wesenlosen Unsinn entgegen. Johann Georg zog sich immer mehr zurück und wurde ein einsamer Hornberger. Während in den Wirtschaften lauthals über einen weiteren zukünftigen Waffengang mit den Franzosen kujoniert wurde, schlich er sich meist lächelnd auf seinen kurzen Beinen davon, und wenn nicht der Alex Jäckle und der Matthäus Vogel ihn öfters in seinem Laboratorium und seinem Atelier besucht hätten, dann wäre ein Einzelgänger aus ihm geworden. Der kleine Mann mit seinem stets freundlichen, lächelnden Gesicht war eine feste Größe im Städtchen, aber immer öfters konnte man ihn jetzt scheu und zurückhaltend und in sich gekehrt erleben. Die Besuche beim Bürgermeister im Rathaus nahmen ab, dafür die beim Doktor Alex Jäckle immer mehr zu. Nicht selten mußte auch die Schwester Kathrin in der Werderstraße vorbeisehen, um dem kleinen, aber leidenden Mann Hilfe zu bringen. Noch immer wollte er es nicht wahrhaben, daß seine fragile Gesundheit sein ausgedehntes Berufsleben nicht weiter tolerierte. An das Hinausgehen in die Berge mit seinen Kamera-Utensilien war seit einigen Monaten nicht mehr zu denken, und so ging zwar der heimische Karten- und Kunstdruckhandel sehr gut weiter, auch erlebten die Hinterglasbilder und die Baumstammbilder eine hohe Nachfrage, aber eigenartigerweise fotografierte der Meister im Jahre 1904 keine neuen, malerischen Winkel im Waldstädtchen, in den benachbarten Zinken und auf den Schwarzwaldhöhen mehr, zumindest ist dies nicht bekannt.

Johann Georg merkte es auch, daß er den geistigen Anschluß an seine frühere künstlerische Tätigkeit wegen seiner Krankheit zumindest eingebüßt hatte. Trotzdem versuchte er, wieder an seine früheren Erfolge in der Fotografie anzuknüpfen und kaufte sich sogar eine der neuen, kleineren Kameras, die er wesentlich leichter auf seinen kleinen Reisen, die er noch machte, mitnehmen konnte. Aber eigenartigerweise war es dem Künstler trotz dieser Erleichterung nicht gelungen, an seine frühere Form anzuschließen. Die Hochzeitsbilder, die Dokumentationen von Kommunionen, Konfirmationen und Geburtstagen sind ab dieser Zeit erstaunlich manieristisch und flach geworden. Sie trugen zwar noch auf den Karten das Emblem J. G. F., aber es bestehen Zweifel, ob nicht seine inzwischen gut eingelernten Lehrlinge und Gesellen diese geistlosen Aufnahmen gemacht hatten.

Irgend etwas mußte er ändern, er fühlte sich seiner künstlerischen Arbeit nicht mehr gewachsen und die Gelenkschmerzen nahmen rapide zu.

Nach einem ausführlichen Besuch bei Freund Alex Jäckle wurde ihm zum ersten Mal klar, daß es vielleicht besser für ihn wäre, den Rest seines Lebens in einem Bad zu verbringen, am besten in Baden-Baden oder, wie schon gesagt, irgendwo in Norditalien, wo die warmen Quellen ihn schon wieder auf die Beine bringen würden. Der Alex Jäckle hatte ihm das alles aus medizinischer Sicht erklärt, daß es im wesentlichen keine große Besserung mehr geben, sondern die Krankheit langsam, aber sicher fortschreiten würde. Johann Georg hatte dies verstanden, und trotz mehrfacher trotziger Arbeits- und Beschäftigungsschübe sah er irgendwann einmal im Jahr 1906 ein, daß es vielleicht doch besser sei, dem Rat des alten Freundes nachzugehen. Aber noch war er nicht soweit.

KAPITEL 18 –
Der Abschied des Johann Georg Fleig

Auf dem Höhepunkt seiner künstlerischen und fotografischen Tätigkeit war dem Johann Georg Fleig klar, daß seine so erfolgreiche Tätigkeit bald ein Ende finden sollte. Er war bekannt geworden im ganzen Schwarzwald, und seine Arbeiten mit den Schwarzwaldansichten, seine ersten Diapositive, die Hinterglasbilder hatten eine so weite Verbreitung gefunden, daß sie schon fast mehr nach seinem Namen ausgesucht wurden als nach dem, was sie letztlich darstellten. Obwohl es in den letzten Jahren immer mehr Mitbürger gab, die den Fotografen von oben herunter ansahen, konnte er sich dank der hervorragenden Qualität seiner Bilder noch sehr gut im damaligen Geschäft behaupten.

Warum dieser Umschwung? Die Industrie und die allgemeine Entwicklung der Technik waren auch nicht spurlos am kleinen Johann Georg vorbeigegangen. Die Firmen Agfa und Kodak lieferten seit neuester Zeit deutlich kleinere Kameras, und mancher Liebhaber dieser neuen Technik war damit sogar in der Lage, zum Zeitvertreib Bilder herzustellen, und die mußte er nicht einmal dem Fotografen zur Entwicklung bringen. Es gab bereits die ersten Versuche, ein neues Medium namens Zelluloid, das sich biegsam in eine Rolle eindrehen lassen konnte, mit einer Silberbromidschicht zu versehen, und damit war der Abschied von der schweren Glasplattenfotografie langsam, aber sicher gegeben. Und dort, wo die Menschen sich die Dinge vereinfachen lassen, sind die Pioniere dieser Kunst ganz schnell vergessen. Und so kam es, daß gleich mehrere Fotografen im Gutachtal ihr Unwesen trieben, meist mit jämmerlichen Ergebnissen, die sie aber billig auf den Markt warfen. Johann Georg sah diese Entwicklung mit sarkastischem Lächeln. Er war ein zu großer, einsamer Denker, als daß er sich lauthals gegen diese Entwicklung gewehrt hätte. Was hätte es ihm gebracht? Viele Bürger meinten jetzt auf einmal, daß die Vormachtstellung dieses Handwerks der Fotografie durch die neueren Entwicklungen nicht mehr da war. Manche waren sogar so dumm und bösartig, daß sie dem kleinen Fleigle jegliches Können absprachen und ihm vorwarfen, in der alten Technik ein zurückgebliebener Vertreter der Ewiggestrigen zu sein. Gut, er habe in früheren Jahrzehnten sicher schöne Bilder gemacht, aber das alles ginge jetzt viel leichter und schneller.

Und so kam es auch, daß viele dumme Menschen begannen, den kleinen Johann Georg sehr gering einzuschätzen, und der einstmals hochgeachtete Fotograf und Künstler wurde dementsprechend behandelt. Viele Städtebürger holten ihn auch nicht mehr zu ihren Hochzeiten und sonstigen Familienfeiern, und schon zu seinen Arbeitszeiten in Hornberg bemerkte er dies sehr wohl und zog langsam, aber sicher seine Konsequenzen daraus. Die hohe Zeit der Pioniere der Fotografie war vorbei, und die Menschen, die ihn noch vor nicht einmal zwei Jahrzehnten für einen außerordentlich begnadeten, künstlerischen Fotografen gehalten hatten, begannen ihn schlecht zu behandeln. Schließlich hatten sie sich von einer der neuen Firmen, die überall auf den Markt drängten, Kameras gekauft und sahen, daß das Bilderherstellen kein Hexenwerk war. War es auch nicht, aber das, was bei diesen neuen, selbsternannten Fotografen als Ergebnis herauskam, war jammervoll und nur gelegentlich einigermaßen brauchbar.

Anfang des Jahrhunderts war es bereits in Mode gekommen, selbst entwickelte Rollfilme einem hiesigen Fotografen zur weiteren Bearbeitung zu überlassen, und Johann Georg sah diese Entwicklung mit Grausen. Er besprach sich mit seinem Freund Alex Jäckle, und beide waren der gleichen Ansicht, daß diese Entwicklung wohl nicht aufzuhalten wäre, aber äußerst bedauerlich sei. Auch der Alex Jäckle meinte, daß die Menschen im Städtchen in ihrer Dummheit sich Heilpraktikern zuwandten, die ohne jede Kennt-

nis schlechte Arbeit am menschlichen Körper ablieferten, und wenn nicht zufällig die Selbstheilungskräfte des Körpers gelegentlich wirken würden, so wäre der Schaden immens.

Noch hatte Johann Georg allerdings recht viel zu tun, denn die konservative Mehrheit der Bevölkerung vertraute sich ihm immer noch an und ließ wichtige Bilder aus ihrem Leben durch ihn herstellen. Aber ein Weiteres kam hinzu. Seine mit Liebe handgefertigten Hinterglasbilder waren auf einmal nicht mehr gefragt. Die Qualitäten der Massendruckereien aus den benachbarten großen Städten überfluteten den Markt auch bis hinauf in die Schwarzwaldhöhen mit minderwertigem Bildmaterial, so daß seine liebevoll gemalten Objekte immer länger im Laden verblieben. Auch die Baumstammbilder, jene mit großer Sorgfalt hergestellten Schwarzwaldansichten, die aus verschiedenen Holzfolien bestanden und in mühsamster Kleinarbeit hergestellt wurden, fanden keine Abnehmer mehr. Die Menschen wollten Billiges, Kitschiges auf großen Formaten und das genau dem Zeitgeist entsprechend.

Der Matthäus Vogel, sein großer Gönner und Freund, war nicht mehr Bürgermeister, so daß auch hier ein weiterer tiefer menschlicher Anker, den Johann Georg in Hornberg hatte, plötzlich fehlte.

Und so lief er immer mehr zwischen seiner großen Freundin Kathrin Huthmacher, der begnadeten

Schwester, und seinem Freund Alex Jäckle hin und her, und manchmal wußte er nicht recht, ob er mit seinen Gelenkschmerzen bei diesen beiden Äskulap-Schülern besser aufgehoben war als bei einem Seelentröster: Er verstand wohl, daß seine zunehmenden körperlichen Beschwerden auch etwas mit der Verachtung zu tun hatten, die manche Städtlebürger ihm jetzt auf einmal zukommen ließen. Der kleine Zwerg mit seinen Platten war ein Modell des letzten Jahrhunderts, dem man nichts schuldet. Manche machten ihm sogar, bösartig wie sie waren, einen Vorwurf, daß er nur durch seine Freundschaft mit dem Bürgermeister Matthäus Vogel zu dieser Stellung gekommen wäre, Stadtfotograf geworden zu sein.

Es schmerzte ihn sehr, daß seine früheren Kunden und Bewunderer seiner Bilder sein Metier und letztlich damit auch ihn selbst mit Nachlässigkeit und Gleichgültigkeit bestraften. Vergessen die großartigen Darstellungen seines Städtchens, die mitgeholfen haben, den so notwendigen Tourismus und die damit verbundene Kleinindustrie zu ungeahnten Höhen kommen zu lassen. Das Städtchen war durch seine Darstellungen überall im weiten Kreis bekannt geworden, nicht zuletzt durch die liebevolle Kleinarbeit eines Künstlers aus der Werderstraße. Aber es ist stets so, daß die Dankbarkeit und die Achtung vor einem Menschen nicht besonders lange vorhalten. Jetzt konnte es sogar sein, daß er manchmal im Mohren seinen angestammten Platz am Kachelofen nicht mehr bekam, weil man für einen solchen Zwerg nicht beiseite rückte. Der Rabenbauer ein gewalttätiger, böswilliger und obendrein dummer Mensch, hatte es mit seinen Spottreden besonders auf ihn abgesehen, und dieses Schandmaul schreckte auch nicht davor zurück, nicht nur seine Kunst despektierlich abzuqualifizieren, sondern auch über sein zwergenhaftes Aussehen seine böswilligen Bemerkungen zu machen, und das sogar im Gemeinderat der Stadt, in den er als Nachrücker eingezogen war.

Es schmerzte, sicher, aber Johann Georg Fleig war ein zu großer Philosoph, als daß er sich von solchen Menschen niedermachen ließ. Mit seinen beiden besten Freunden besprach er seinen weiteren Lebensweg. Manchen Abend saßen die drei beieinander, der Altbürgermeister, der Doktor und der Künstler, und der Bärenwirt merkte an den ernsten Gesichtern, daß er nicht mit fröhlichen Geschichten aufwarten konnte, wenn er den dreien ihren Schoppen brachte. Und eines Tages reifte in Johann Georg der Entschluß, Hornberg zu verlassen. In den nächsten Wochen lief er noch einmal durch das Städtchen, das ihm zur Heimat geworden war, nahm nochmals wie in alten Zeiten seine hölzerne Kamera mit sich und reproduzierte die schönsten Bilder über seine vermeintliche

Heimat. Ganz langsam begann er, unbemerkt von seiner Umgebung, Abschied zu nehmen. Mühsam war er dabei, mit seinem Gesellen Rudolph noch einmal die alten Wege hinauf bis auf den Karlstein, auf den Windkapf und auf den Fohrenbühl zu Fuß zu unternehmen, um – Abschiedsbilder zu machen. Dem Betrachter fällt auf, daß die Bilder von 1907 ein wenig dunkler und kontrastierter erscheinen, allesamt aber Meisterwerke der Fotografie waren.

Und dann kam der Tag, als er sich seinem Gesellen eröffnete, dem Rudolph sein Geschäft anbot. Der, aus nicht ganz armer Familie, sah den Himmel noch voller Baßgeigen, und nach kurzer Überlegungszeit waren sich die beiden einig. Johann Georg verkaufte sein Haus an der Werderstraße samt allen seinen Geräten – bis auf seine Lieblingskamera – an den neuen Besitzer, und der konnte zufrieden sein mit all den Dingen, die er im Lauf der letzten Jahre als Geselle zu schätzen gelernt hatte. Der Rudolph war von seinem kleinen Meister in allem ausgebildet worden. Sein größtes Kapital, das der junge Mensch jetzt in den Händen hielt, war das Wissen seines Meisters, seine Fähigkeit, ein Geschäft zu führen, die verschiedensten Tätigkeiten, die Johann Georg erfunden und zu schöner Reife gebracht hatte, nur eines konnte ihm dieser nicht vermitteln, neue Ideen zu haben, von denen sein kleiner Lehrmeister nur so sprühte. Der Vertrag war bald aufgesetzt, und der Triberger Notar brachte auf der Vertragsurkunde seinen gesetzlichen Punkt an.[19] Jetzt war Johann Georg plötzlich heimatlos geworden. Aber nur für kurze Zeit, denn in seinem kleinen Kopf waren Dinge vorgegangen, die sein zukünftiges Leben ändern sollten, auch zum Besseren …

---

[19] Johann Georg verkaufte darin sein ganzes Hab und Gut in der Werderstraße, das Haus, Fotoatelier samt Inventar und sein Lager mit den konservierten Tieren an Rudolph H. Mayer, Fotograf aus Bremerhaven. Sein Lieblingsgeselle Rudolph firmierte noch mit der norddeutschen Herkunft, weil er seinen letzten offiziellen Wohnsitz dort hatte und außerdem seine Ehefrau von dort mitgebracht hatte. Die eigentliche Heimat der sehr bekannten Familie Mayer war aber seit Generationen Konstanz am Bodensee.

Kapitel 19 –
Wegfahrt, Fleigles Weggang

Der ehemals wohlhabende Johann Georg Fleig war plötzlich wohnsitzlos geworden. Er ging noch einmal durch sein schönes Haus an der Werderstraße vom Ladentisch bis hinauf in seine Wohnung, in der alles von ihm, wie es für einen einsamen, kleinen Mann, dem der liebe Gott eben nur die Hälfte einer Menschengröße zugestanden hat, so heimelig eingerichtet war. Er strich noch einmal über seine schönen Möbel, die er seinem Nachfolger Rudolph mit verkauft hatte samt dem sonstigen Haushaltsinventar.

„Alles ischt so vergänglich und vorbei, genau so wie mir mine Lüt im Zinzendorfgymnasium g'seit henn, vanitas vanitatum ..."[20] Er dachte mit Wehmut an seine längst verstorbenen, großartigen Lehrer auf seiner so geliebten protestantischen Schule, der er alles verdankte. Er wußte wohl, der kleine Johann Georg Fleig, daß ohne die Hilfe dieser integren Gemeinschaft der Herrnhuter in seinem Leben alles anders gelaufen wäre, ganz bestimmt nicht vom kleinen Krüppel und

---

[20] Alter Ausruf der frühen Nihilisten des Mittelalters, der sich sogar auf die Bibel zurückführte: Alles ist Wahn oder besser, wörtlich übersetzt: Der Wahn vom Wahn ...

Zwerg zu einem der bekanntesten Schwarzwaldfotografen und Künstler des 19. Jahrhunderts. Vorbehaltlos und weitsichtig hatten diese Brüder ihn, den aussichtslos für irgendeinen Beruf von der Natur gezeichneten Menschen, in ihre Reihen aufgenommen und aus dem kleinen, intelligenten Johann Georg ein kleines Genie werden lassen. Schon manchmal wollte er an der Gerechtigkeit Gottes zweifeln, weil ihn der Schöpfer mit derartig kurzen Gliedmaßen versehen hatte, daß er kaum gehen und noch weniger arbeiten und sich belasten konnte, aber ein Gedanke an seine braven Herrnhuter in Königsfeld wischten diese Zweifel an der Liebe Gottes wieder weg. Diese Handvoll großartiger Pädagogen hatten all das ungeklärte Elend in seiner Welt durch ihre großartige Zuwendung zu ihm, dem kleinen Zwerg, um ein Vielfaches wettgemacht. Er mußte eben sein Schicksal annehmen, und durch die braven Brüder in Königsfeld bekam er in seiner gesamten Jugend mit, daß nicht die zu kurz geratenen Glieder das eigentliche Problem sind, sondern meist nur die Lieblosigkeit der ihn umgebenden Welt, und die wurde von den Herrnhutern tausendmal gutgemacht. Dann mußte er einen schweren Gang tun: Einen letztmaligen Weg durch sein geliebtes Fotolabor, das er vor nun ziemlich genau zwanzig Jahren gekauft, eingerichtet und zu seiner eigentlichen Heimat gemacht hatte. Was war nicht alles in diesen Räumen entstanden! Seine Fotografien, sein Leben! Hier wurden die Motive, die er ein Leben lang ausgesucht hatte, von Künstlerhand vollendet, ganz besonders entwickelt und retuschiert, wie er es haben wollte. Hier wurden die ersten phantastischen Farbbilder in diesem Land hergestellt, und sie ähnelten der Natur verblüffend. Hier hatte er die Glasbilder zusammengesetzt und mit kundiger Hand verfertigt, seine große Liebe, die Intarsienarbeiten, die er bescheiden Baumstammbilder nannte, waren in diesen Räumen unter unendlichen Mühen zusammengesetzt und geklebt worden. Dann war dort drüben der Arbeitsplatz, um die Stereoskopien anzufertigen, eine Kunst, die außer ihm nur wenige in Deutschland beherrschten. Und dort drüben, er mußte lachen, dort drüben blickten ihn die freundlichen Glasaugen der zahlreichen Tiere an, die er teils mit eigener Hand konserviert hatte und die in eingefrorenen Posen eigenartig lange ihren Betrachter fixierten. Jetzt aber schauten sie alle ihren großen Meister noch einmal an und wollten ihm Aufwiedersehen sagen.

Der Konservator Johann Georg Fleig stand vor den vollen Regalen seiner geliebten Schwarzwaldtiere und besonders seiner Vögel, denen er auf fast jedem Landschaftsbild künstlerisch einen kleinen Platz eingeräumt hatte. Die Hornberger Kundschaft wußte wohl, daß auf den Fleig'schen Bildern immer Vögel an allen Ecken und Enden saßen, nach Futter pickten, flogen oder den Fotografen neugierig beäugten. Es war halt typisch für den kleinen Fleigle, daß er sich ein Markenzeichen auf seinen Bildern gesetzt hatte, und das waren die Tiere, die er über alles liebte. Überall tauchten sie auf in seinem Werk, und hier standen nun in den hohen Schränken die letzten aus seiner Konservierungskunst hervorgegangenen Waldfreunde, der Fuchs, der den Eichelhäher, der neben ihm stand, recht scharf anblickte, und der Dachs, der es nur bei Johann Georg ertragen ließ, daß ein paar zur Gruppe angeordnete Waldmäuse sich vor seiner Nase tummelten und ihren Erbfeind mit braunen, lebendigen Glasaugen neugierig betrachteten. An der Wand hingen die großen Auerhähne in verwegenen Posen, so wie er sie am liebsten im frühmorgendlichen Hochwald erlebt hatte, das Federkleid gesträubt, die roten Symbole der Balz in ihren friedlichen Gesichtern und den Hals zum Auerhahnenschrei in die Höhe gereckt.[21] Johann Georg nahm auch von seinen Tieren Abschied und beeilte sich, seine Sachen zusammenzurichten, die am nächsten Tag mit einem

---

[21] In meiner Jugend hingen allein in unserer Ordination in der Werderstraße, die mein chirurgischer Vater einige Jahrzehnte später von der Familie von Alex Jäckle abkaufte, zwei Auerhähne und auf der Unterseite des dicken Holzastes, der die Auerhähne trug, steht auch heute noch mit schöner, gravierter Schrift das Zeichen J. G. F.

kleinen Wägelchen zum Bahnhof abgeholt werden sollten. Wenig genug war es, was er mitnahm, und zuvorderst stand seine alte, hölzerne Kamera mit dem Dreifuß, umgeben von einigen kleineren, moderneren Plattenkameras, die er an sein neues Domizil mitnehmen wollte. Der Rest waren seine Bücher, einige Platten, die eben noch graviert worden waren. Er tat sie in einen großen Koffer, zusammen mit den letzten Exemplaren der alten Hinterglasbilder, die derzeit niemand mehr haben wollte. Sogar seine alten Schulbücher aus der Zinzendorfschule setzte er liebevoll in den alten Koffer hinein, sozusagen die letzten Reste seiner Kindheit und seines Arbeitens in seinem kleinen Waldstädtchen Hornberg. Dann schloß er den Koffer und schrieb darauf den Bestimmungsort:

Johann Georg Fleig
c/o Andreas Fleig, Schloßhofbauer in Waldau.[22]

---

[22] Der Koffer existiert heute noch und wird liebevoll in der Asservatenkammer des Buchenberger Heimatmuseums aufbewahrt. Durch die Urnichte, Frau Kunz, ihren Mann, der dort Kustos ist, über den Museumsleiter Bruno Mössmer und über den in Sachen Fleigle unermüdlichen Eugen Armbruster bekam ich Einblick in die letzten Reste der Hinterlassenschaft von dem kleinen Genie aus Hornberg. Die Hinterglasbilder, die fertig gravierten Platten und seine ganzen Schulbücher sind auch heute noch im Koffer aufbewahrt, so wie er sie hineingelegt hatte. Aus diesem Koffer habe ich eine große Menge an Informationen von den fast verlorenen Spuren des kleinen Fleigles gefunden und für dieses Büchlein fotografieren dürfen.

Dann packte er noch seine persönlichen Dinge ein, soweit dies nicht schon durch die Wibervölker seines Haushalts erledigt worden war.

Ein paar Stunden später wurden die Koffer gemäß den Destinationen von Fuhrleuten abgeholt, die sie hinauf auf den Bahnhof brachten. Der große Koffer mit seinen persönlichen Utensilien aus der Schulzeit, mit seiner Literatur und den letzten Platten, Hinterglasbildern und Stereoskopien schickte er mit Extrapost hinauf auf den Schloßhof, wo es sein Bruder für ihn getreulich aufbewahren sollte. Vielleicht könnte man es wieder brauchen. Aber wo, um Gottes willen, ging der Johann Georg Fleig an diesem Tag hin, wenn dieses wichtige Gepäckstück in den Schloßhof, seine Heimat, gebracht wurde und er offensichtlich einen ganz anderen Weg einschlug? Die Adresse auf den anderen Gepäckstücken verriet nämlich eine ganz andere Richtung.

Johann Georg Fleig,
Weilertalstraße 37, Oberweiler
Amt Badenweiler in Baden
Markgräflerland. [23]

---

[23] Die genaue Adresse verdanke ich den Nachforschungen von Herrn Altbürgermeister Dr. Rudolf Bauert aus Badenweiler. Dr. Bauert hatte während seiner Recherchen zu Johann Georg Fleig in Oberweiler auch den letzten lebenden Zeitzeugen von Johann Georg Fleig ausgemacht, den Sohn der Wohnungsvermieterin

Jetzt war es heraus, und die Fuhrleute wußten vielleicht als erste neben den beiden Freunden, die er zurücklassen mußte, wohin der kleine Fleig sich zurückziehen wollte. Seine neue Heimat lag im lieblichen Markgräflerland, gerade dort, wo der Schwarzwald in die weite, reiche Rheinebene mündete. Eine der schönsten Landschaften in Deutschland war es, in die er sich zurückziehen wollte, nicht mehr der harte und kalte Schwarzwald und auch nicht die flache Ebene des Rheintales, sondern genau dazwischen, an einem der schönsten Hänge, die das badische Land in sich trug. Badenweiler, die Heimat der alten Römer vor bereits mehr als zweitausend Jahren. Der Gesundbrunnen für viele alte Menschen, die dort Linderung von ihren Leiden erhofften. Jetzt war es heraus, und in den nächsten Tagen würde es sich wohl herumsprechen, daß der kleine Fotograf und Künstler seine neue Heimat in einer der lieblichsten und wärmsten Gegenden in Deutschland herausgesucht hatte.

Drei Menschen kamen an diesem Vormittag, nachdem er ganz allein in seinem Haus zurückge-

---

Frau Elise Sütterlin, unter deren Dach er bis zu seinem Tod lebte. Der Sohn Robert Sütterlin, der bei Drucklegung dieses Buches als hoher 90er noch in Badenweiler lebt, brachte entscheidende Hinweise über das Leben des Johann Georg Fleig in Badenweiler ans Tageslicht.

blieben war, um ihm Lebewohl zu sagen und ihn bis an den Bahnhof zu bringen. Es war die Schwester Kathrin, seine große Freundin, die er seit mehr als zehn Jahren besonders gern sah und die ihn an manchen Tag getröstet hatte, wenn er wieder von Gelenkschmerzen geplagt Trost und Rat suchte. Es war Dr. Alex Jäckle, sein Hausarzt und lieber, vertrauter Freund. Johann Georgs Leben in Hornberg hätte wohl nicht so lange gewährt, wenn dieser verständnisvolle, großartige Medicus nicht seine ganze Liebe und ärztliche Kunst auf ihn verwendet hätte. Auch war er sein truester Begleiter auf seinen Fotojagden nach den schönsten Motiven im Schwarzwald, und oft sind die beiden tagelang im badischen Land herumgefahren, um die schöne Landschaft in möglichst gutem Licht auf Glasplatten gebannt nach Hause bringen zu können. Dann war da noch ein weiterer lieber Freund, dem das Herz schwer wurde, obwohl er Abschied und Ankunft seiner Mitarbeiter in seiner großen Fabrik am Südrand von Hornberg kannte wie kaum ein zweiter, der Fabrikant und Bürgermeister Matthäus Vogel, der sogar zum Abschied von seinem lieben Freund den Bürgermeister-Bratenrock angezogen hatte und mit hohem Zylinder dem kleinen Johann Georg den notwendigen Respekt neben der tiefen Freundschaft hierher mitbringen wollte.

Wegfahrt, Fleigles Weggang

Mit dem neuen Benzinwagen von Dr. Jäckle fuhren die vier bis hinauf an den Bahnhof, um ihren kleinen Freund in den Zug zu setzen und ihm ein letztes Mal Aufwiedersehen zu sagen.

Aber oben am Bahnhof war die Freude groß, daß noch einige wenige andere Hornberger ihm die Ehre gaben, den Abschied in besserem Licht zu sehen. Der Pfarrer Dr. Ernst Lehmann, ebenfalls ein Vertrauter vom Fleigle, war auch gekommen, um ihm Lebewohl zu sagen, war sein kleinwüchsiger, guter Bekannter doch einer seiner besten protestantischen Christen, der immer eine offene Hand für alle Not in diesem Städtchen hatte. Oben stand auch ein weiterer Gast, der dem letzten sehr ähnlich war, wenn auch nicht nach außen hin, es war der Pfarrer Paul Brutscher, der vom Weggang des Johann Georg ebenfalls gehört hatte und der es sich nicht nehmen ließ, mit seinem evangelischen Amtskollegen zur Verabschiedungscour zu kommen.[24] Eben fuhr der Dampfzug mit der rußenden Lokomotive auf dem zweiten, neuen Gleis des Bahnhofs Hornberg ein, und Johann Georg befand sich von seinen wenigen Freunden umringt am Fenster eines Personenwa-

---

[24] Von einem Brief Johann Georg Fleigs an den Dr. Alex Jäckle wissen wir von dieser doch noch versöhnlichen Verabschiedung des großen ‚kleinen' Johann Georg am Bahnhof.

gens, der ihn zunächst bergabwärts bis nach Offenburg und von dort nach Bad Krozingen bringen würde, von wo eine Extrapost bis nach Badenweiler hinauf fahren sollte. Der kleine Mann winkte aus seinem Abteilfenster, und man sah von ihm nur noch – eigentlich wie immer – seine freundlichen, lebendigen, blauen Augen, überwölbt von der hohen Stirn, auf dem Kopf die schwarze Melone, und er lächelte, obwohl er sich eigentlich vorgenommen hatte, seinem Hornberg mit tapferer Miene unbewegt zu entkommen. Die Verachtungen der letzten Monate waren nicht vergessen, die Konkurrenten, die ihn diskreditierten, waren auch noch in seinem Kopf recht präsent, und die rabiaten Bösartigkeiten des Rabenbauern, der ihn in allen Wirtschaften des Städtchens einen bösen Versager hieß, nagten immer noch an ihm, aber die treuen Freunde auf dem Perron zeigten ihm eine andere Welt von Menschen in diesem Waldstädtchen, die ihn außerordentlich schätzten. Es waren derer noch viele, viel mehr, als er selbst annahm, denn der kleine Mann hatte sich bei den meisten Mitbürgern im Städtchen durch seine großartigen Bilder in ihre Herzen hineinfotografiert …

„Eh i's noch vergeß, lieber Matthäus, du wirscht viele Holzkischten bekommen, die sämtliche Glasplatten, also die Negative meiner ganzen Arbeit der letzten zwanzig Jahr enthalten. Es sind tausende von Negativen und – wer weiß – vielleicht brauchet spätere Generatione noch die Originale, um sich daran zu erinnere, wie das alte Hornberg, die bäuerliche Welt und die Handwerksmeischter in diesem kleinen Städtle gearbeitet habet. Es sind vier mächtige Holzkischten, die i beim Johann Moser in de Schloßstraß hab anfertige lasse. Darin ischt wohl die ganz Arbeit von mehr als zwanzig Jahr aufgehobe. Bitte bewahr sie so auf, daß sie für spätere Generatione vielleicht interessant werre könnet. I schenk sie somit der Hornberger Bevölkerung und allen, die später einmal ihr Heute kennenlernen wollen, denn das Heute versteht man nur aus dem Geschtern. Und i bin heut schon geschtern …", erzählte er mit seiner hohen Fistelstimme, die seinen Freunden so gut bekannt und vertraut war. Dann pfiff die Lokomotive, und der kleine Johann Georg Fleig grüßte zum letzten Mal seine Hornberger Freunde, diejenigen, die von seinem Abschied wußten und die vielen anderen, die sicher auch gekommen wären, wenn sie von seinem Vorhaben gewußt hätten. Über die Stahlträgerbrücke, die den Reichenbach überquert, schnaufte das Dampfungetüm zischend und fauchend Gutach zu. Johann Georg blickte noch einmal mit seinen klugen Augen über die Landschaft, die sich vor ihm auftat, ein weites, grünes Tal mit behäbigen, mächtigen

Bauernhöfen, von denen manche noch kein rotes Ziegeldach, sondern ein gelb-grün bemoostes Strohdach hatten und malerisch in die Landschaft paßten, wie wenn sie aus der Erde genommen wären. Es war seine Welt.

Unten in Hausach, wo sich das Kinzigtal zum Gutachtal an Breite fast verdoppelt, dachte er an seinen großen, verehrten Schriftsteller- und Bilderfreund Dr. Heinrich Hansjakob, der eben, wie es sich herumgesprochen hat, dabei war, in seiner alten Heimatstadt auf einem neuen Bauernhof sich niederzulassen, um sich ganz seiner Kunst des Schreibens widmen zu können. Auch war es ein offenes Geheimnis, daß er mit seiner freilich kirchlichen Umgebung im Widerstreit lag und in die Einsamkeit flüchten wollte. Er war in guter Gesellschaft. Er, Johann Georg, liebte diesen Schriftsteller, von dem er so viel gehört und gelesen hatte. Insbesondere mochte er diesen knorrigen Dichter, weil er als katholischer Pfarrer so liebevoll von seinem über alles geschätzten evangelischen Glauben sprach. Johann Georg war im bisherigen Leben ein Protestant der allerbesten Art gewesen, und er hörte es gerne, wenn die mächtige katholische Kirche sich auch einmal positiv über die tiefe Religiosität und enorme Tüchtigkeit der Protestanten äußerte. Er wußte auch, daß der greise Haslacher Pfarrer seine Bilder sehr schätzte und oft nach

Wegfahrt, Fleigles Weggang

ihnen fragte. Das war für ihn natürlich eine große Ehre.[25]

Johann Georg verließ in Offenburg den Dampfzug und ging müden Schrittes auf seinen kurzen Beinen über den zugigen Offenburger Bahnhof, um den Anschlußzug rheinaufwärts nicht zu verpassen. Einige Stunden später langte er in Bad Krozingen an, und von dort gab es in der damaligen Zeit bereits eine Busverbindung bis hinauf in das weltberühmte Heilbad Badenweiler. Oben am Rebberg in Oberweiler, dem alten Römerbad gerade gegenüber und bequem in wenigen Minuten zu erreichen, lag das Örtchen Badenweiler, in dem sich Johann Georg einen Platz in einem schönen Heim bei einer alten Witwe gemietet hatte. Alles war bestens vorbereitet, obwohl zwischen seinem Entschluß, Hornberg zu verlassen, und Baden-

---

[25] Aus dem kleinen Briefwechsel von Dr. Alex Jäckle mit dem Johann Georg Fleig wissen wir, daß Dr. Hansjakob eine große Quantität der Fleig'schen Bilder in Hornberg geordnet hatte, als Johann Georg Fleig bereits längst in Badenweiler war. Alex Jäckle berichtete ihm dies, um ihm eine große Freude zu machen, daß man auch nach seinem Weggang von prominenter Seite seine wunderschönen Fotografien insbesondere der Trachten und der Menschen zur damaligen Zeit außerordentlich schätzte. Leider ist kein Briefwechsel zwischen Dr. Heinrich Hansjakob und dem Johann Georg Fleig bekannt, daß sie sich von ihrer jeweiligen Arbeit her – der Volksschriftsteller und der künstlerische Fotograf – gekannt hatten, ist unbestritten.

weiler als Altersruhesitz herauszusuchen, nur wenige Wochen lagen.

Johann Georg wurde durch den Verkauf seines ganzen Anwesens in Hornberg ein relativ wohlhabender Mann, zumindest für die damalige Zeit. Klug wie er war hatte er sein Geld auf der Mayer'schen Bank in Freiburg angelegt und verfügte jetzt über ein recht beruhigendes finanzielles Polster, um die nächsten Jahre gut leben zu können. Sein Freund, der Alex Jäckle, hatte ihm sogar eine kleine Rente besorgen können, die er aufgrund seiner Gelenkbeschwerden seinem lieben Freund ohne weiteres attestieren konnte.

Johann Georg war's zufrieden, als er in seinem neuen Domizil angekommen war und draußen vom kleinen, hölzernen Balkon hinunterschaute ins liebliche Tal zwischen Badenweiler und den Rheintaldörfchen, die sich in der breiten Ebene malerisch aneinanderschmiegten. Dort war Ballrechten, dort Dottingen, links davon das kleine Städtchen Krozingen, Gallenweiler, und auf der anderen Seite des Rheins konnte er die Kirchtürme von Colmar sehen und darüber das dunstige, blaue Band der Vogesen. Johann Georg meinte, im Paradies angekommen zu sein, allein die Weite und die Schönheit des Rheintals, in das er hinunterblickte, ließen ihn lächeln und zufrieden sein. Das enge Schwarzwaldtal, das ihm so lange Heimat war, lag hinter ihm, genau wie neben ihm, der gerade das Rheintal betrachte, der Schwarzwald anfing, mit seinen sanften Vorbergen anzusteigen, gekrönt von herrlichen hohen, waldigen Gipfeln, ganz so wie in seiner letzten Heimat. Der Schwarzwald lag also sprichwörtlich hinter ihm.

Er war froh darüber, daß er sich nicht dazu entschließen konnte, zu seinem Bruder auf den Schloßhof zurückzukehren, obwohl die Familie ihn inständig darum bat. Der Zusammenhalt der Fleig'schen Familie war immer noch sehr groß, aber er wollte lieber, daß einige Utensilien von ihm in seinem alten Labor im hinteren Teil des Schloßhofes aufgehoben werden, er selbst aber mochte einmal frei sein von allen Familienbanden und den Berufsverpflichtungen, die er sich trotz seiner schweren körperlichen Behinderung über zwanzig Jahre aufgebürdet hatte. Aber nun war er zufrieden, jetzt war er erst einmal 52 Jahre alt, zwar krank genug und hatte keine Ahnung, was in den nächsten Jahren auf ihn zukommen würde, aber die Freude über die neu gewonnene Freiheit übertraf alle fraglichen Zukunftsgedanken in ihm. Johann Georgs Leben verlief jetzt in ruhigeren Bahnen, und er freute sich darauf, endlich die Last des großen Geschäftes im Waldstädtchen auf jüngere Schultern gelegt zu haben. Er dachte gerne an die erfolgreiche Arbeit zurück, aber er vergaß auch nicht die übermenschlichen Anstrengungen, die er, nur 1.30 Meter groß und schwächlich, ein halbes Leben lang mitgemacht hatte.

Schon früh hatte ihm Alex Jäckle geraten, mit seiner Gesundheit zu haushalten, aber als dies alles nicht half und er nicht hören wollte, mußte sein Hausarzt deutlicher werden. Und jetzt hatte er auf ihn gehört und war in die Nähe eines der bekanntesten alten Römerbäder gezogen, wo er ganz leicht mehrmals in der Woche seinen Gelenken etwas Gutes tun konnte, nämlich in den heißen römischen Quellen zu baden und sich auszuruhen.

Gesagt, getan. Wie wir aus den ärztlichen Unterlagen wissen, war er ein braver und folgsamer Patient des Badearztes Dr. Braunbühl, der damals das ‚Burebad' als einer von mehreren Badeärzten betreute. Es waren wenige, aber ausgewählte Persönlichkeiten, die bereits damals die Schönheit dieses kleinen Seitentals des Rheins schätzten, aber allein schon die Anwesenheit der alten Römer unten in Heitersheim und oben in Badenweiler samt der herrlichen Burg sprachen dafür, daß auch andere, frühere Generationen diese großartige Lage des Heilbades Badenweiler für etwas Besonderes hielten und sich dort niederließen. Johann Georg freute sich, daß es ihm gelungen war, diesen Schritt zu tun und vor allem, daß sein fleißiges und erfolgreiches Berufsleben sich jetzt dahingehend auszahlte, daß er nun, wenn auch mit großen Schmerzen, sorgenfrei leben konnte.

Er brauchte eine ganze Zeitlang mit der Hilfe seiner Badeärzte, bis er wieder einigermaßen gehen, stehen und liegen konnte, aber es gelang.

Wir wissen nicht mehr viel von den nächsten Lebensjahren außer durch gelegentliche Briefe des Alex Jäckle, die sich wiedergefunden haben. In denen beschreibt er einmal, daß ihm die Landschaft, das milde Klima, das warme Wasser und die Menschen in dieser Gegend ganz besonders gut tun.

Er konnte sich jetzt zurückziehen und in seiner Welt aufgehen, die er so gerne hatte, in der Welt der Bilder, der Theologie und der überwältigenden, lieblichen Natur um ihn, die ihn ganz gefangennahm. In der evangelischen Kirche oben in Badenweiler war er bald ein genauso bekannter, braver Kirchgänger wie in Hornberg, und bald gehörte der kleine Mann zu einer festen, allerdings kleinen Größe in diesem Kurort.

Noch einige Dinge hatte er sich vorgenommen und korrespondierte mit dem Alex Jäckle zwei Jahre nach seinem Weggang aus Hornberg. Johann Georgs Neugierde auf das Leben und sein visueller Bilderhunger waren noch lange nicht gestillt, als er sich wieder langsam von den Hornberger Strapazen erholte. Er wollte noch mehr von diesem Leben in Bildern festhalten, wenn auch nicht mehr als Berufsfotograf, dann doch als begeisterter Bildermacher zu seiner eigenen Freude und Anschauung. Der alte Landarzt aus Hornberg, der seinen Lieblingspatienten und Freund recht gut kannte, machte ihm auch bald die Vorschläge, die ihm besonders viel Freude in seinem Privatier-Dasein brachten, nämlich einige Reisen zu machen.

Johann Georgs Liebe zur Tierpräparation hatte ihn auch an seinem neuen Wirkungsort nicht verlassen, obwohl er sie nicht mehr im großen Stil wie in Hornberg durchführte. Es hatte sich herumgesprochen, daß er dieser Kunst mächtig war, und eben zu dieser Zeit war in Badenweiler und Umgebung kein Handwerker in der Lage, dieses kunstvolle Gewerbe auszuüben. Und so kam Johann Georg gerade recht, und bald konnte er sich vor Angeboten nicht mehr retten, was er allerdings ausschlug. Er konnte sich's leisten, nur noch für seine bevorzugten Kunden die Objekte, die ihm lagen, zu konservieren, und zwar so, wie er selbst es sich gern vorstellte und nicht nur nach dem Wunsch der Kunden. Er hatte sich ein Stück Freiheit erworben und war aufgrund seines gut verkauften Hornberger Anwesens nicht mehr auf jeden Auftrag angewiesen. Und so füllte sich seine neue Wohnung recht bald mit seltenen Vögeln und allerlei sonstigem Getier, das er in allen möglichen Posen einfrieren ließ. In seinem Haus schien es zu zwitschern, zu pfeifen, zu schnattern und zu quaken, so lebendig waren die Tiere geworden, wenn sie nach dem Jägertod durch die kleinen Hände des kundigen Schwarzwälders wieder erweckt wurden – wenn es auch nur eine Lebenspose war. So war er hier bald wieder ein gesuchter Mann, und noch heute erinnert man sich daran, daß der ganze Hausgang, die Treppe und seine Wohnung voll mit ausgestopften Tieren waren und niemand so recht wußte, wie er dieses Handwerk eigentlich zuwege brachte, klein und zwergenhaft wie er doch war![26]

Noch etwas anderes war den Dorfbewohnern in Oberweiler recht bald zu Augen und Ohren gekommen: Der neue, kleine, zwergenhafte Gast aus dem hohen Schwarzwald war etwas Besonderes: Schon bald nachdem er sich häuslich niedergelassen hatte, war er nicht nur darauf aus, im benachbarten Badenweiler sämtliche Bäder und Kuranwendungen für seine schlechten Gelenke zu benützen, sondern er meisterte sein Leben auf seine eigene, individuelle Art. Die Dorfbuben staunten nicht schlecht, als Johann Georg Fleig eines Tages vom Wagner in Gallen-

---

[26] Diese Ausführungen sind von Herrn Robert Sütterlin gemacht worden, der Johann Georg Fleig bis zu seinem achten Lebensjahr als kleiner Bub in seinem elterlichen Haus sehr wohl noch kannte und sich gerne an ihn zurückerinnerte.

weiler sich ein Gefährt machen ließ, mit dem sie zunächst nichts anfangen konnten. Es war ein großer Leiterwagen mit einer langen Deichsel, hinter welcher ein kleiner Sitz aus Holz mit Ledereinfassungen genau für die Größe des kleinen Fotografen hergestellt wurde. Vor diese Deichsel spannte Johann Georg – den großen Hofhund aus der Weilertalstraße, und der zog den kleinen Mann samt dem ‚komischen Wägelchen'[27], wie die Kinder das Gefährt nannten, in den nahen Wald, in dem sich Johann Georg gerne aufhielt, sei es zum Fotografieren, zum Zeichnen oder einfach nur um dazusitzen und seinen Blick in die herrliche Landschaft der Rheinebene schweifen zu lassen. Bei der Rückkehr von seinen Wald- und Rebberg-Ausflügen mit dem großen Hund Moro brachte er nicht selten einige Arme voll Brennholz mit, das ihm, praktisch wie er war, abends auch noch seine Wohnung wärmte. Die Kinder durften dann mit Moro samt dem ‚komischen Wägelchen' spielen, und so hatte er sich bald in die Herzen der kleinen Dorfjugend von Oberweiler ‚hineingefahren'.

Oft saßen seine großen Bewunderer, die Kinder von Oberweiler, um den heimischen Tisch von Johann

---

[27] Die Ausführungen mit dem ‚komischen Wägelchen', das vom großen Hofhund Moro gezogen wurde, stammen vom letzten Zeitzeugen, Herrn Robert Sütterlin.

Georg Fleig in der Weilertalstraße 37 herum und bewunderten die herrlichen Aufnahmen, die er seinem staunenden Publikum zeigte. Die Landschaftsaufnahmen, die er noch zum Teil aus dem Schwarzwald mitgenommen hatte, faszinierten die Kinder ungemein.[28]

Johann Georg war einige wenige Monate später ein Bürger dieses kleinen Dorf-Städtchens geworden, allgemein akzeptiert und keinesfalls geringschätzig abgetan. Es gab in Badenweiler genug seltsame Käuze, angefangen von den reichen Russen mit den eigenartigen Namen, die sich in großer Anzahl im ‚Burebad' und dessen hervorragender Hotellerie eingemietet hatten und mit ihrer seltsamen Sprache vielen Badenweilern fremd blieben. Da konnte der Johann Georg Fleig mit seinem sehr eigenen Aussehen, seiner hohen Fistelstimme, aber seinem urbadischen Dialekt und seiner hellen Intelligenz leicht gegenhalten.

Geldsorgen hatte er keine mehr, denn jetzt fotografierte er zur Freude seiner neuen Umgebung, und

---

[28] Herr Sütterlin erinnert sich noch sehr gut an diese abendlichen Betrachtungen der Fleig'schen Bilder, sei es auf den Platten, auf den schwarz-weißen oder kolorierten Karten oder in Form der Diapositive, die er der staunenden Dorfjugend, die so etwas noch nie gesehen hatte, erstmals vorführte. Herr Sütterlin bekam ein Bild von Johann Georg Fleig geschenkt, das er von ihm und seinen Schwestern machte.

die Tierpräparationen machte er, wie gesagt, nach seinen Wünschen und Auffassungen, ohne aber auf den Geschmack seiner Kunden zu achten. Vielleicht lag es daran, daß die Vögel und das Kriechtier samt den Luchsen und Dachsen in seinem Haus immer mehr wurden, weil er sie gar nicht mehr notwendigerweise verkaufen mußte. Er hatte schlicht seine Freude daran.

Man erinnerte sich noch sehr gut daran, daß der kleine Johann Georg Fleig, wenn er nicht gerade mit seinem ‚komischen Wägelchen' samt Hofhund Moro unterwegs war, im eleganten Bratenrock samt Melone auf seinen kurzen Beinen hinüber ins mondäne Badenweiler und dort besonders in den Römerhof eilte, um der Kultur nachzugehen, die er in seinem bisherigen Leben in der bäuerlichen oder kleinstädtischen Umgebung etwas vermißt hatte. Wenn es der Fall war, daß er sich mit der reichen Welt umgeben wollte, so war dies in einem Abstand von nur wenigen hundert Metern möglich, er brauchte nur hinüber auf den Hügel zu gehen, der zur alten Burgruine Badenweiler hinaufführte: Dort standen die herrlichen Gebäude des Fin de siècle, in denen sich die große geistige Welt von Dichtern, Denkern, Philosophen, Musikern und reichen Privatleuten befand. Und dann vergaß Johann Georg Fleig sein Wägelchen, seine Tierpräparate, seinen Hund Moro und die Weilertalstraße, zog sein bestes Gewand an und verließ recht abrupt manchmal die Wohnung, um erst viele, viele Stunden später zufrieden, glücklich und manchmal auch weinselig wieder bei der Familie Sütterlin im zweiten Stock anzukommen.[29]

---

[29] Der letzte Zeitzeuge, Herr Robert Sütterlin, erinnert sich sehr gerne an die gelegentliche Rückkehr von Johann Georg, wenn er beschwingt, pfeifend und summend sein Elternhaus wieder betrat, um mit seinen kleinen Beinen die Treppe in seine Wohnung im zweiten Stock hinaufzugehen. Er war dann wie ausgewechselt, und von den Bresten des Alters und seinen Kümmernissen war dann für wenige Stunden nichts mehr zu spüren.

Kapitel 20 –
Ende in Oberweiler

Johann Georg war jetzt ein stiller, bescheidener Einwohner des kleinen Dörfchens Oberweiler geworden, das sich malerisch im Tal zwischen Niederweiler und dem idyllischen Badenweiler erstreckte. Die lichtvolle, liebliche Landschaft, die Johann Georg schon gleich bei Beginn seines Umzuges aus dem Waldstädtchen hierher so begeistert hatte, heiterte ihn auf, und bald war er froh über seinen einmal so schicksalhaft getroffenen Entschluß, seinen mit soviel Liebe und Energie aufgebauten und verwalteten Beruf aufzugeben.

Er freute sich nicht nur an der schönen Landschaft, sondern auch an den fröhlichen und offeneren Menschen, die er jetzt fast jeden Tag zu sehen bekam. So wie die Landschaft die Menschen prägt, so war er auch jetzt geworden, innerlich losgelöst, heiter und trotz schwerer Erkrankung zufrieden. Die schwermütige Zeit seines Daseins in Hornberg, dem er soviel von seinem künstlerischen Leben geschenkt hatte und die sich manchmal wie Mehltau auf ihn legte, war jetzt der Vergangenheit angehörig. Mit stiller Wehmut dachte er oft an die beste Zeit seines Lebens, die er diesen knorrigen Schwarzwälder Menschen geschenkt und unter ihnen gelebt hatte. Natürlich war er einer von ihnen geworden mit allem Wenn und Aber, und die schwerfällige und schwerzüngige Schwarzwälder Lebensart hat sich auch ein wenig auf seine Bilder übertragen, wie er nachträglich meinte. Oft sah er sich seine besten mitgenommenen Drucke an, die ihn an das dunkle Waldstädtchen und seine Seitentäler erinnerten, aber ein Blick hinaus auf die liebliche Landschaft des Markgräflerlandes ließ ihn alle Unbill wieder vergessen. Die bösartige Mißachtung und Verleumdung, die er vom Rabenbauer und seiner Familie miterleben mußte, waren Geschichte geworden, auch für ihn, selbst wenn er sich mancher dieser Gehässigkeiten, die aus dem unendlichen Fundus der Dummheit entsprangen, nur durch Flucht entzogen hatte.

Er sah sein ganzes Leben eingeteilt in drei Abschnitte, die heitere, freundliche Welt der Kindheit im Gsod, im Stockwald und auf dem Schloßhof mit seinen originellen, meist freundlichen Menschen, dann die schwermütigere, dunklere, zur Melancholie neigende Zeit in der Talsohle des Waldstädtchens neben der rauschenden Gutach und jetzt im letzten Teil seines Lebens in der ungemein lieblichen Welt des bäuerlichen Markgräflerlandes. Er dachte an seine beiden vergangenen Lebensabschnitte mit

Dankbarkeit, an die Schule bei den Herrnhutern ganz besonders, aber auch an die vielen freundlichen Menschen, die das Schicksal an die obere Gutach gespült hatte, und die eben dort zwischen hohen Bergen und Wäldern fernab von der heiteren Welt der Ebene ihr Leben angestrengt und anständig führen mußten. Mit Wehmut dachte er an seine drei im Städtchen Hornberg zurückgelassenen Freunde, an ‚seine' Schwester Kathrin Huthmacher, ohne die er sicherlich keine zwanzig Jahre im Schwarzwald geblieben wäre, an seine beiden großartigen Freunde Matthäus und Alexander, den Bürgermeister und den Städtledoktor, die den kleinen Mann so nahmen, wie er war, und in ihm viel mehr als alle anderen gesehen haben und erkannten, daß in dem kleinen Menschen hinter seinen klugen blauen Augen ein kleiner Genius schlummerte. Er dachte auch an die Dummheit und Boshaftigkeit der Menschen, die ihn in der letzten Zeit als ein minderwertiges, nutzloses Mitglied der Gesellschaft angesehen hatten, und heimlich graute es ihm, wenn er daran dachte, daß Menschen wie der Rabenbauer sich so stark vermehren würden, daß deren Meinung in Zukunft das Leben in Deutschland dominieren könnte. Alles was diese Sorte von Menschen, die aber leider immer lauter wurden, in ihren Köpfen hatte, war Gewalt, Rücksichtslosigkeit und schierer Egoismus. Kleine, mißgestaltete Menschen wie er, wenn sie auch beruflich erfolgreich waren, würden von solchen Einfachstdenkern in Zukunft nur noch eines erwarten dürfen: Ausmerzung. Johann Georg wußte, daß dieses Gesindel von dieser Möglichkeit im alltäglichen Dasein bei unliebsamen Bekannten und Verwandten auch schon Gebrauch gemacht hatte, aber keiner durfte darüber reden. Der neue Bürgermeister meinte begütigend, daß solche Menschen halt resistent seien gegen alle Art von Mitmenschlichkeit und entschuldigte ihre Boshaftigkeit und Kriminalität mit dem Ausdruck: „S'isch ebe e archaische Welt …"

Johann Georgs Welt war jetzt das Gegenteil von seiner früheren. Jeden Morgen stand er auf und machte einen langen Spaziergang durch das kleine Dörfchen, überquerte dann den kleinen Bach, der Oberweiler von der eleganten Schwester Badenweiler trennt, dann konnte er auf schmalen Pfaden das gegenüberliegende Badenweiler erreichen, das mit seiner Burg als festem Orientierungspunkt in die herrliche Landschaft hinausragte und ihn an seine Jugendzeit auf dem Schloßhof erinnerte, wenn er zu den vorderen Fenstern der Stube auf die nahegelegene Ruine Waldau hinausblickte.

Sein Spaziergang führte ihn dann meist zu den großen, schönen Neubauten der Hotels, voll mit auswärtigen Gästen, die im ‚Burebad' Linderung von ihren rheumatischen und anderen Bresten suchten und auch fanden. Johann Georg freute sich daran, gescheite Menschen gefunden zu haben, mit denen er nachmittags zur Teestunde auch einmal über anderes sprechen konnte als über die derzeitigen Vieh- und Holzpreise und über die kleinen Befindlichkeitsstörungen in einem kleinen Städtchen. Die Welt war hier offener und freier, wenn auch nicht besser. Es war nur diese Welt, die er sich am Ende seines Lebens gewünscht hatte, erleben zu dürfen, mit gebildeten, weitgereisten Menschen in Kontakt zu treten, die ihm von ihrer Welt erzählten, wenn sie auch von weit her war, manchmal aus Rußland, irgendwo im Zarenreich.

Der kleine Fleigle hörte morgens gerne im Römerhof die schönen Kurkonzerte, wenn er als braver Kirchgänger aus der alten, schönen Sandsteinkirche herauskam, wo er dem Kurpfarrer und seinen Ideen gelauscht hatte. Die Predigten erschienen ihm lieblicher als die des gestrengen geistlichen Herrn mitten im Schwarzwald, der aber geistigerweise seine Leute eben dort abholen mußte, wo sie waren, im dunklen, rauhen Schwarzwald mit seiner oft so melancholischen Grundstimmung. Dann saß der kleine Mann auf den eleganten Stühlen des Hotels zwischen den sonstigen Kurgästen und lauschte der Musik oder unterhielt sich bei seiner geliebten Tasse Tee mit dem weitgereisten Publikum. Nicht alles was er dort hörte gefiel ihm, und manchmal war ihm das rauhe und klare Wort seiner bäuerlichen Vergangenheit wahrhaftiger vorgekommen als die ‚klingende Glocke und tönende Schelle' des Heiligen Paulus. Aber er genoß es sichtlich, sein einsames Leben, das er auch jetzt weiterführte, durch gelegentliche Unterbrechungen heiterer umstimmen zu können, genau so, wie er es sich vorgenommen hatte.

Und noch etwas, was ihm von Anfang an in dieser Umgebung gut gefiel: Er war nicht mehr der einzige mißgestaltete, kleine, behinderte Mann im Städtchen, der zuweilen schon den mißachtenden Blicken von dummen Menschen ausgesetzt war, denn in diesem eleganten Badenweiler gab es viele Gleichgesinnte, und fast alle, die er antraf, hatten über mehr oder weniger Bresten zu klagen, so daß er sich hier nie mehr allein fühlte. Es gab zwar keine Schwester Kathrin und keinen Bürgermeister Matthäus mehr, aber umso mehr den Alex Jäckle, der seinen kleinen Freund doch hie und da besuchte. Der Alex Jäckle wunderte sich sehr, wie fröhlich sein sonst eher melancholischer Freund geworden war, obwohl die vielen Bäder und sonstigen Therapien natürlich ihre begrenzte, gute Wirkung taten. Aber die geistige Wirkung der Lebensumstellung des kleinen Johann Georg war wohl das Entscheidende, wie auch sonst in der ganzen Medizin das neue oder andere Empfinden für die eigentliche Therapie gehalten wird. Er wunderte sich über die lebendig gewordenen Augen, das große Interesse an allem, das er in den letzten Wochen und Monaten in Hornberg nur noch mühsam hervorbringen konnte. Es war schon schwer gewesen, ihn zu den kleinen Reisen mit an den Bodensee oder den Titisee zu bewegen, Reisen, die Alex Jäckle manchmal mit ihm gemacht hatte. Jetzt auf einmal hatte er wieder Freude an allem Neuen gefunden und hörte den Erklärungen seines Freundes über die Schönheiten Italiens mit großem Interesse zu.

Johann Georg war begeistert von der Idee, das herrliche Land jenseits der Alpen einmal bereisen zu können, und ging gerne auf den Vorschlag seines lieben Freundes ein. Bald waren sie in Vorbereitungen begriffen, im Sommer des Jahres 1913 eine Reise nach Venedig zu unternehmen. Welche Freude für den kleinen Menschen, sich an einen großen, gesunden, fröhlichen Freund anlehnen zu dürfen, um mit ihm einen seiner vielleicht letzten großen Ausflüge machen zu können. Im Juli 1913 war es dann soweit. Johann Georg schnürte in Oberweiler sein kleines Bündel, nahm eine dieser modernen, blechernen Kameras mit, die er ohne weiteres in der Hand tragen konnte, aber doch noch ziemlich sperrig war, nahm seine Glasplatten, seine Chemikalien und sein Dreibeinstativ, das ihm all die Jahre im Schwarzwald immer wieder als Wanderstab gedient hatte, und die beiden Freunde machten sich auf den Weg, mit der Freiburger Eisenbahn durch das Höllental hinauf bis nach Neustadt und von dort weiter über Säckingen bis in die Schweiz. Sie erreichten Schaffhausen mit einer dieser neuen, stinkenden Benzinkutschen, die der Johann Georg gar nicht mochte, nicht weil sie ihn nicht schnell von einem Ort zum anderen brachten, sondern wegen des stetigen Gestanks, den er nicht ertragen konnte. Da waren ihm rußige, nach Kohlenstaub und Schmierfett riechende Dampfungetüme wesentlich lieber. Und so eines erreichten sie bald, das sie langsam an Zürich vorbei über Luzern bis zum Gotthard brachte. Johann Georg wollte unbedingt das Wunderwerk des Robert Gerwig sehen, der nach seiner geliebten Schwarzwaldbahn – die er in so vielen Varianten ein Leben lang fotografiert hatte – sein Meisterstück mit diesem längsten und größten Eisenbahnvorhaben der Welt erschuf.

An allen markanten Strecken stand der kleine Mann wie in früheren Jahren, allerdings etwas mühsamer, und richtete sein linsenbewehrtes Kameragehäuse auf die schönsten Stellen, die er mit seinem geübten Auge sogleich sah. Es entstanden schöne, alte Aufnahmen, alt deshalb, weil er von seiner herkömmlichen Technik der Glasplattenbelichtung bis zum jetzigen Zeitpunkt auch nach seiner Pensionierung niemals abgegangen war. Es war übrigens das erste Mal, daß er nach seinem Weggang von Hornberg wieder in größerem Umfang fotografierte, und das nur deshalb, weil sein lieber Freund ihn dazu animierte und schon lobte, wenn er auch nur einen kurzen Blick auf die neu gemachten Negative erhaschen konnte.

Im Sommer des Jahres 1913 erreichten sie Venedig, und Johann Georg schaute begeistert auf die neue Welt, von der er bisher nur gehört hatte. Das Meer faszinierte ihn, die südländische, heitere Denkweise entzückte ihn noch mehr, obwohl er die Sprache der Venezianer nicht verstand. Mit seiner Kamera versuchte er seine Eindrücke festzuhalten, soweit es eben ging, und so entstanden seine schönsten Fotografien nach dem Ausscheiden aus seinem Beruf.

Johann Georg merkte wohl, daß diese großartige neue Welt fast zu mächtig auf ihn einstürmte, als daß er sie in sein kleines Fotogehäuse bannen konnte, auch waren der Perspektiven und Motive so ungeheuerlich viele, daß er es bald einsah und seine sperrige Kamera samt dem Dreifuß in der Herberge zurückließ.

Er hatte deutlich gefühlt, daß seine geliebte Welt der Fotografie in der alten Form, wie er sie zur Meisterschaft gebracht hatte, zu einer Epoche geworden war, die vorbei war. Andere Medien sind jetzt gefragt, die eine solche Herrlichkeit und Fülle an Kunst, Architektur und Kultur in irgendeiner Form festhalten könnten. Er merkte deutlich, daß er in dieser Stadt eben doch nur der kleine, zwergenhafte Schwarzwaldfotograf war, der in Demut und Bescheidenheit die Linse vor seiner Kamera endgültig schließen sollte. Die ihn jetzt umgebende Welt schien ihm zu übermächtig für seine Kunst zu sein, und Johann Georg nahm dies mit fröhlicher Resignation hin.

Er sprach mit Alex Jäckle von der fast uneinholbaren Schönheit der italienischen Kunst und wie sie sich vor seinen Augen als nicht mehr mit seinen bescheidenen Mitteln abbildbar erwies. Des kleinen Fleigles Augen waren bereits wissend mehr ins Innere gerichtet, dorthin, wohin ihm seine braven christlichen Herrnhuter Lehrer beigebracht hatten, daß alles Schöne und Gute seinen Anfang nehmen würde, im Geist des Menschen und in der Seele. Alles Äußere, haben ihm die Herrnhuter beigebracht, sei nur ein Abbild dessen, wie es in Wirklichkeit war, und er, Johann Georg, hatte ein Künstler- und Fotografenleben damit verbracht, das Äußere, die Perspektive, das Bild, möglichst wahrheitsgetreu und wirklich in die Köpfe seiner Mitmenschen zu bringen. Ich meine, es ist dem kleinen Mann gelungen.

Über sein weiteres Leben wissen wir nur noch recht wenig. Er kam von seiner Reise mit Alex Jäckle geschwächt zurück, und sein besorgter, alte Hausarzt riet ihm, sich möglichst zu schonen, um sich von dieser doch großen Strapaze wieder erholen zu können.

Wie lange er gebraucht hat, sich von dieser schönsten und weitesten Reise in seinem Leben zu erholen, wissen wir nicht, nur steht fest, daß er im Jahr nach der Beendigung des Krieges 1918 mit seinem Freund Alex Jäckle noch einmal eine Reise bis nach Hessen und Thüringen machte. Einige wenige Bilder aus dieser Zeit, nicht einmal besonders gute, sind uns von seiner Handschrift bekannt. Das Fotografieren war ihm jetzt nicht mehr sehr wichtig, und er führte es wohl offensichtlich nur noch als Dokumentation der Reise aus, nicht unähnlich den vielen selbsternannten Fotografen, die ohne jede Kenntnis ihre gläsernen Linsen auf jedes noch so denkbar ungeeignete Objekt richten, um etwas festzuhalten, sie wissen gar nicht, was!

Dann wird es still um Johann Georg Fleig.

Seine Freunde waren nicht mehr auf der Welt, sowohl Alex Jäckle als auch der Matthäus Vogel waren in die Ewigkeit gegangen, und auch der verehrte Dekan Roth lebte nicht mehr. Bei jeder Todesnachricht aus seiner alten Schwarzwälder Heimat wurde es einsamer um den kleinen Mann, und er lebte jetzt so, wie er eigentlich von frühester Jugend an im Inneren seines Herzens war, wie ein kleiner Eremit in seiner neu gewählten, lieblichen Heimat Badenweiler. Wir wissen, daß er eine gute Freundschaft mit dem damaligen Pfarrer Dr. Kaÿßer in Oberweiler pflegte, dem evangelischen Pastor, der bis über die Grenzen seiner Heimat als gescheiter und tief frommer Prediger bekannt war. Es wundert nicht, daß Johann Georg Fleig sein verbliebenes, nicht unbeträchtliches, in Hornberg erarbeitetes Vermögen dem Pfarrer Dr. Kaÿßer vermacht hatte mit der Bedingung, das Geld für kranke und benachteiligte Kinder einzusetzen. Die Zinzendorfer Schule hatte den kleinen Schüler Dankbarkeit gelehrt, die er jetzt weitergab.

Am 16. Juni 1924 starb Johann Georg in der Weilertalstraße, und wie er es verfügt hatte, trug man ihn die Weilertalstraße hinauf, bog in den oberen Kirchweg ein, seinen fast täglichen Spazierweg bis zum Hütteler Platz und dann die Kaiserstraße hinauf bis in die alte, evangelische Pauluskirche.

Der Pfarrer meinte, daß wohl nur wenige Menschen bei dieser Beerdigung anwesend sein dürften, die dem Johann Georg die letzte Ehre geben. Aber er sollte sich getäuscht haben. Am Tag seiner Beerdigung waren aus dem Gutachtal, aus Hornberg und aus Buchenberg, der alten Heimat von Johann Georg, ganze Scharen von Bauern und Städtlebürgern in ihren Trachten auf dem Friedhof versammelt, so daß sich die Gemeindeverwaltung in Badenweiler sehr wohl wunderte, welch prominenter Mann in ihrer Mitte gelebt hatte. So klein er war, der unscheinbare, zwerghafte Johann Georg Fleig, so ungewöhnlich war seine Beerdigung. In hellen Scharen standen die Wibervölker aus dem Schwarzwald, Bollenhut an Bollenhut, an seinem kleinen Sarg, und die malerischen Trachten der Männer in ihren samtenen Gehröcken umgaben den kleinen Friedhof, einmal abgesehen von den vielen schwarzberockten Städtlebürgern aus Hornberg, die es sich auch nicht nehmen ließen, samt ihrem Ortsoberhaupt dem Johann Georg Fleig ein letztes Lebewohl zu sagen. Seine Hauswirtin, Frau Else Sütterlin, dachte sicher daran, daß er in den letzten Jahren sehr zurückgezogen gelebt hatte und daß wohl kaum jemand zu seiner Beerdigung kommen würde, aber weit gefehlt. Natürlich hatte er sich, immer mehr an seinen Gelenken leidend, zurückgezogen, und bis auf seine Ausflüge ins Römerbad, zum Schloßplatz und an die Thermen war er zunehmend wegen seiner Schmerzen an das Haus gebunden, was aber nicht hieß, daß er den Kontakt zu seiner Heimat abgebrochen hatte. In der damaligen Zeit war es aber doch telegrafisch bis in die letzten Zinken seiner ehemaligen Heimat auf dem hohen Wald gedrungen, daß der kleine, große Sohn der Buchenberger Bauerngemeinde und der Hornberger Fotograf und Verlagsleiter das Zeitliche gesegnet hatte. Und so sah Badenweiler eine der größten Beerdigungen im Jahre 1924, sehr zum Erstaunen aller Bewohner dieser Stadt.[30]

Pfarrer Dr. Kaÿßer sprach liebevoll über den kleinen Mann, der gleich einem kleinen Kind im Totenbaum lag. Nach Würdigung seines Lebens, einer alten, protestantischen Tradition beim Abschiednehmen in der Kirche, beschrieb er den Toten als einen braven Mann, so ganz im Stil der Schiller'schen Glocke:

> ‚Horcht das Lied vom braven Mann, wie Orgelton und Glockenklang ...'

Er dachte dabei an die große Spende, die der kleine Johann Georg den ärmsten seiner armen Kinder hatte zukommen lassen.

Dann setzte sich die große Trauergemeinde, bestehend aus einigen wenigen Bürgern der Stadt Badenweiler und einer übergroßen Menge von Schwarzwälder Landsleuten, erneut in Bewegung, talabwärts

---

[30] Die Mitteilungen über seine Grablegung stammen vom letzten Zeitzeugen, Herrn Robert Sutterlin, der als achtjähriger Schulbub sich wohl an diese bemerkenswerte Beerdigung noch erinnerte, zumal er seinen langjährigen Freund ‚Onkel Johann' verloren hatte, den er von frühester Jugend an bis zu seinem Tod so genannt hatte. Auch verloren seine Eltern einen langjährigen treuen und verläßlichen Hausbewohner und Mieter.

über den Birkenhof bis zum kleinen Friedhof von Oberweiler, in dem Johann Georg seine letzte Ruhestätte fand. Ein kleines Grab hat er bekommen, ganz am Rand der Friedhofsmauer, von welcher aus man einen wunderbaren Blick ins gesamte Rheintal hat, vorn die hohe Ruine und daneben die ganze Herrlichkeit der fruchtbaren Rheinebene bis hinüber zu den blauen, dunstigen Bergen der Vogesen.

Johann Georg hat diesen Blick jahrelang fast täglich auf seinem Spazierweg hinauf in die schöne Altstadt genossen, und er ist sicher häufig dort gestanden, überwältigt von der herrlichen Natur und der einzigartigen Lage dieses schönen Städtchens.

Damit endet die Geschichte des Erdenlebens eines kleinen Schwarzwälder Genies, und ich meine, es war ein großartiger Lebensentwurf, gestaltet von Anfang bis Ende von einem braven, tief religiösen Protestanten, halsstarrig und genial, unermüdlich, weitsichtig und von außerordentlicher künstlerischer und technischer Begabung.

Pfarrer Dr. Kaÿßer schrieb am 18. Juni, dem Beerdigungstag von Johann Georg, in sein Beerdigungsbuch, daß der kleine Fleigle der 23. Tote in diesem Jahr gewesen war, 64 Jahre alt, 6 Monate und 26 Tage, außerdem sei er am 21.11.1859 in St. Georgen im Schwarzwald geboren worden. Gestorben in Oberweiler, gezeichnet Kaÿser. Nach demselben Blatt 97 des Sterbebuchs seiner Gemeinde wurde ein paar Tage früher ein 35jähriger Familienvater beerdigt, zwei junge Menschen, einer mit 9 Jahren und der andere gerade einmal mit 21 Jahren. Johann Georg ist trotzdem, daß er nur 64 Jahre alt wurde, der zweitälteste geworden.

Keiner hätte das für möglich gehalten.

Kapitel 21 –
Fleigles Ende, und danach?

Fleigles großer Bruder, die Stütze seines halben Lebens, starb am 22. November 1916 auf dem Schloßhof in Buchenberg.[31] Es wurde bald still um den kleinen Fotografen, nachdem die Badenweiler Erde ihn zugedeckt hatte. Kaum jemand dachte noch an den kleinen Fleigle, und in Hornberg wußten sie nicht einmal, daß der Fotograf des Schwarzwaldes gestorben war.[32]

Auf dem Schloßhof hielt man natürlich sein Andenken wach, aber auch dort waren nicht mehr viele

---

[31] Es liegt noch ein Erbschein von Villingen vom 15. Mai 1919 vor, welcher der einzigen Tochter des Andreas Fleig, Bruder von Johann Georg, der Anna Maria Fleig, die mit dem Andreas Weisser vom Stockwald verheiratet war, den ganzen Schloßhof vermachte. Aus dieser Ehe sind zwei Kinder, Anna Maria Weisser und Martha Weisser entstanden, letztere ist die Großmutter von Frau Kunz, die Urgroßnichte von Johann Georg Fleig, die heute noch in Villingen leibt und lebt und dem Autor viele Hilfestellungen beim Zusammensuchen des Lebens von Johann Georg Fleig gewährt hat.

[32] Viele Jahre später behauptet ein schlampig recherchierter Artikel in einer drittklassigen Zeitung, der Johann Georg Fleig sei bereits 1918 in Badenweiler gestorben. Man machte sich nicht einmal mehr die Mühe, seinem Leben mit der gebotenen Genauigkeit nachzuspüren.

aus der ursprünglichen Fleig'schen Familie. Viele Kinder waren es nicht, die den Schloßhof bewohnten und fröhliches Leben unter sein riesiges Dach bringen konnten. Es blieb in der Familie doch recht einsam und melancholisch. Als Vater Andreas, der Schloßhofbauer und Uhrmacher, noch einige Jahre vor dem Johann Georg Fleig starb, war der intensive Kontakt auf die Höhen des Schwarzwaldes fast abgebrochen. Nicht daß die Angehörigen, die dort verblieben waren, ihm gram gewesen wären, im Gegenteil, aber die Wege waren zu weit und die Familie war alles andere als geschwätzig, redselig oder gar dafür vorgesehen, mit Tinte und Papier sich ihre Gedanken und Vorkommnisse gegenseitig schreiben zu müssen. Dazu waren sie zu sehr Schwarzwälder, recht wortkarg und leicht melancholisch. Vielleicht ist es die bessere Variante der Kommunikation mit den Menschen als die so vielgepriesene Oberflächlichkeit und das Schwätzen um des Schwätzens willen. Hat nicht der Teufel auf der von Johann Georg Fleig so geliebten Oberzeller Kirche auf der Insel Reichenau das nicht enden wollende Geschwätz der beiden Edelfräuleins auf eine Kuhhaut geschrieben, lachend und seines Sieges bewußt?

,Was auf keine Kuhhaut geht', war den Schwarzwälder Familien damals in puncto reden in jedem Fall klar.

Die Schloßhöfler blieben auch nicht sehr lange auf dem mächtigen, stolzen Hof neben der Ruine Waldau, und da sich kein männlicher Sproß eingefunden hatte und die einzige Tochter Anna Maria einem braven Schreinermeister in Buchenberg die Hand zum Ehebund gereicht hatte, war auch dort bald ein natürlicher Wechsel angesagt. Der Schloßhof wurde verkauft und zu allem Unglück wenige Jahre später noch bis auf die Grundmauern abgebrochen.[33] Was bleibt von Johann Georg übrig? Ein großes, nur noch in ganz verschwindenden Teilen zurückgebliebenes fotografisches Werk, das seinesgleichen suchte. Suchte?

Suchte! Seine Hornberger setzten ihm noch ein weiteres Denkmal, und das gereichte seinen Landsleuten nicht zur Ehre. Und das kam so: Johann Georg hatte am letzten Tag seines Hornberger Lebens dem Bürgermeister Matthäus Vogel seine gesamten Negative in Form von Glasplatten hinterlassen, die Quintessenz von zwanzig Jahren mühseligster und intensiv-

---

[33] Nach Aussagen der noch lebenden Urnichte war der große Hof nicht mehr zu halten und sollte daher in neue bäuerliche Hände übergehen, was zwar anfänglich gelang, aber dann durch die Mißwirtschaft auch wieder zunichte wurde. Und so wurden die Landwirtschaft und die Uhrmacherei auf dem Schloßhof bald nach dem Tod des Andreas, des Bruders von Johann Georg, aufgegeben.

Fleigles Ende, und danach?

ster Arbeit mit seiner hölzernen, archaischen Kamera. Die Negative waren in schwarzem Gummipapier eingewickelt, damit ja keine Kratzer in der Silberbromidschicht entstünden, was unweigerlich zur Bildveränderung führen würde. Und so sind die Glasplatten, wie sie von der Allgemeinen Gesellschaft für angewandte Fotografie, bis auf den heutigen Tag auch Agfa genannt, hergestellt werden, von Johann Georg mit seinen kleinen Händen Stück für Stück eingepackt und in Holzkisten untergebracht worden. Stolze sechs Kisten waren es, jede so groß wie ein mächtiger Überseekoffer, und die wurden dem Matthäus Vogel zur gefälligen Archivierung angeboten, was dieser natürlich gerne machte, weil er erstens seinem lieben Freund einen Wunsch nicht abschlagen konnte, aber zweitens in weiser Voraussicht dieses Meisterwerk auf Glasplatten für die Nachwelt sichern wollte. Und so kam es, daß am letzten Tag seiner Hornberger Fotografentätigkeit der Güterverzettler kam, unter den Argusaugen des alten Fotografen die Platten in den Kisten übernahm und mit dem Pferdefuhrwerk bis vor das Rathaus fuhr. Dort war das Verständnis für diese Kisten nicht allzu groß, aber das Geheiß des Bürgermeisters genügte, um jeden Widerstand verbaler Art im Keim ersticken zu lassen.

Und so wanderte im Jahr 1907 das gesamte fotografische Archiv in ein dunkles Verlies an der Reichenbacher Straße Nr. 1 und wurde dort aufeinandergetürmt, beschriftet – und vergessen. Es wäre gut, wenn es bis auf den heutigen Tag ganz vergessen worden wäre, aber das Schicksal meinte es anders. Aber dazu später.

Der Rest seiner Hornberger Habe wurde bekanntlicherweise in einem großen, tiefen Koffer aufbewahrt, darunter Platten, einige wenige Hinterglasbilder, seine Gebrauchsliteratur und, wie durch ein Wunder, drei vollständige gravierte Lichtdruckplatten, mit denen seine künstlerischen Ansichten und die berühmten Karten gedruckt worden sind. Meister Kammerer schien irgendwann einmal die drei Druckstöcke, deren Positivdrucke wir kennen, dem Fleigle wieder zurückgebracht zu haben und der bewahrte sie in diesem Koffer auf und schickte sie hinauf auf die Waldau in den Schloßhof, wo sie getreulich aufgehoben wurden, und zwar bis vor wenigen Jahrzehnten der Schloßhof auch kein Refugium für die Familie Fleig mehr war. Dann brachte man diesen Koffer im Ungewissen, was er letztlich an Wertvollem enthielt, hinüber ins neue geschaffene Buchenberger Heimatmuseum. Nicht der Inhalt war das Wesentliche, sondern allein die Tatsache, daß der hochverehrte, kleine Fleigle, der in dieser Gegend etwas galt, sein Besitzer gewesen war.

In dieser Gegend hatte man nie aufgehört, den großen Sohn der Gemeinde lebendig zu halten, und wenn es nur durch viele Sammler geschah, welche die in der halben Welt verstreuten Kunstdrucke und fotografischen Karten wieder nach Hause zurückgebracht hatten – durch emsige, manchmal selbstlose Sammlertätigkeit auf den Antiquitätenmärkten in Westeuropa.

So ist der kleine Fleigle bei seinen engeren Landsleuten lebendig geblieben, ganz im Gegensatz zu seinen Landsleuten in Hornberg, denen er die besten zwanzig Jahre seines Lebens geschenkt hatte: Sie hatten ihn vergessen, die Städtlebürger, die er so großartig darstellte und denen er sein ganzes, immenses Archiv geschenkt hatte. Der Johann Georg Fleig wußte um die Qualität seiner Bilder, und wir dürfen annehmen, daß er die Platten als ein Geschenk für die Nachgeborenen sah, vielleicht künftigen Generationen im kleinen Waldstädtchen, die besser über den Wert seiner großartigen Porträts und Landschaftsbilder urteilen würden als das Gesindel um den Rabenbauer[34], das keine Gelegenheit ausließ, despektierlich über den alten, verkrüppel-

---

[34] Der Name des ‚Rabenbauern' ist vom Autor geändert worden, weil Verwandte und Nachbarn dieses Hofes noch leben und die Kinder nicht für die Dummheit der Eltern verantwortlich sein sollten, leider haben sie seit hundert Jahren nichts daraus gelernt.

ten Mitbürger zu urteilen. Das Geschenk an die Gemeinde war vom kleinen Fotografen als Pionierarbeit der damaligen Fotografie angesehen worden und sollte als Vermächtnis für spätere Zeiten in ihr verbleiben.

Pioniere wie Johann Georg Fleig sind wie ein weiterer großer ‚Fotograf' desselben Jahrhunderts ganz schnell der Vergessenheit anheimgestellt, wenn sie nicht ihre Genialität in immer wiederkehrendes Allgemeingut hineingesetzt hatten wie sein Zeitgenosse Conrad Wilhelm Röntgen, der Entdecker der Röntgenstrahlen, dessen Pionierarbeit ähnlich verlief wie die des Johann Georg Fleig. Auch der gescheite Professor Röntgen hat am Ende seines Lebens seinen Nachkommen ins Stammbuch geschrieben: ‚Die Ergebnisse des Forschers und Pioniers werden von den Nachkommen aufgenommen, weiter verwendet, vielleicht sogar korrigiert, und danach verblaßt der Ruhm des Ersterfinders recht rasch und notwendigerweise ...'[35] Es ist wohl eine Menschheitserfahrung gewesen, die den großen Röntgen und den in seinem Gebiet genauso großen Johann Georg Fleig miteinander verbindet. Das Vergessenwerden, wenn nicht manche Schreiberlinge

---

[35] Zitiert nach A. Beck: Geschichte der Angiographie. Verlag Schwarzwälder Chronik 1992.

Fleigles Ende, und danach?

sich bemüßigt sähen, mit ihren geringen Mitteln dies zu verhindern. Genauso wie auf der Welt der Name Röntgens im nichtdeutschen Sprachgebrauch längst vergessen ist, genauso hat man bis auf wenige Schwarzwald- und geschichtsbegeisterte Menschen den Johann Georg Fleig aus dem Gedächtnis gestrichen.

Nun, was soll an einem Kartenfotograf Besonderes sein? Was hat der Hinterglasmaler, der Stereoskopiker, der Zeichner, Retuscheur, der ‚Baumstammbildner‘ in der heutigen Welt noch zu suchen? Und was der Konservator Johann Georg Fleig? Das ist das normale Denken, aber ein Blick auf die elenden Erzeugnisse, die mit modernsten Methoden uns heute vorgestellt werden, zeigt deutlich, daß der kleine Schwarzwaldfotograf ein Großer seiner Zeit war. Blaß und unbedeutend trotz tausendfacher Verbesserung auf allen technischen Gebieten sind die Erzeugnisse, die man in unserer durch Bilderinflation verflachten Welt gewahr wird.

Nun aber zu den Glasplatten im Keller des Hornberger Rathauses. Schon vor etlichen Jahren wollten Heimatforscher, die an den großartigen Bildern des Fleigle nicht vorbeikamen und im übrigen begeisterte Schwarzwälder sind, an dieses gewaltige Werk des kleinen Fleigle heran und begaben sich auf die Suche nach den Glasplatten.

Vergeblich. Erst ein offizielles Schreiben des Hornberger Schultheißen gab kleinlaut Auskunft über den Verbleib dieser einzigartigen Dokumente.[36] 1945 war die menschenverachtende Saat der Dummheit und Arroganz, die der Ganove Adolf Hitler in Deutschland ausgesät hatte, zur vollen Blüte gereift. Die aggressive Dummheit und Böswilligkeit wurde mit Bomben bestraft, und viele von denen fielen auch auf die kleine Heimat des Johann Georg Fleig. Wie durch ein Wunder überlebte sein altes Haus in der Werderstraße samt dem Fotoatelier an der Gutach. Auch das Rathaus war noch recht gut intakt, zumindest hatten seine unteren Etagen keinen großen Schaden genommen und der Keller schon gar nicht. Jetzt müßten doch eigentlich die Platten noch zu finden sein? Leider nein! Der Feind kam aus einer anderen Ecke. Der Dekan Gerhard Kühlewein kam kurz nach den Fliegerangriffen zu Heinrich Müller, dem braunen Bürgermeister, einer ganz besonders miesen Figur im Gefolge des Anstreichers aus Braunau, und klagte ihm sein Leid, daß starke Schäden an seiner Kirche aufgetreten seien, was unübersehbar war. Seine Kirche war schwer getroffen worden und insbesondere das Dach

---

[36] Der Originalbrief des Bürgermeisters A. Schondelmaier liegt nach langer und hartnäckiger Nachfrage eines Heimatforschers noch vor.

Fleigles Ende, und danach?

war zerstört, und durch den Kirchenraum, der noch übriggeblieben war, pfiff der Wind. Einige Gemeindemitglieder waren schon dabei, den Schutt wegzuräumen, sofern es ihnen überhaupt möglich war. Jetzt suchte er um Hilfe bei der braunen Gemeindeleitung. Der Mann in schwarzer SS-Uniform und in Schaftstiefeln murmelte etwas von ‚Endsieg' und ‚Vergeltung' und ‚feiger Überfall', verwies auf die riesigen Schäden, die es an den Wohnhäusern und sogar am Rathaus gegeben hatte und im übrigen darauf, daß der Führer schon dafür sorgen würde, daß alles wieder in Ordnung komme. Nichts war's mit der Hilfe! Kaum war einige Monate später der ganze braune Spuk aus dem Städtchen verschwunden, rieben sich die Bürger ihre Augen, als sie nicht begreifen konnten, wo denn die Gemeindevertreter und insbesondere der Bürgermeister samt den stets präsenten, gefürchteten Ortspolizisten geblieben waren? Die Herren hatten das Getrappel und Gewiehere der kleinen Eselchen gehört, auf denen marokkanische, operettenhafte, Fez-geschmückte Soldaten das Tal heraufkamen, um Hornberg zu besetzen ...

Die Kirche des Dekans Kühlewein blieb noch eine ganze Weile lang zugig und das Dach fehlte noch etliche Monate, aber dann machte er einen neuen Vorstoß im Rathaus. Jetzt saß nach einigen französischen Intermezzi von temporär eingesetzten Bürgermeistern wider Willen ein ehemaliger Widerstandskämpfer im Rathaus, der Gustav Fimpel, und der hatte für den Dekan Kühlewein ein offenes Ohr. Für eine Reparatur des Notdaches war bald gesorgt, da noch Handwerker im Städtchen waren, die dies mit heimischen Mitteln leisten konnten.

Aber die zerstörten Fenster? Woher Material nehmen, das jetzt von nirgendwoher zu erwarten war? Zugegeben, daß die Bürger auch keine Fenster mehr hatten, da die Druckwellen der Bombenangriffe alle Fenster zerbarsten. Die Bürger vernagelten halt ihre Ausblicke auf die zerstörte Stadt. Das wollte der Dekan Kühlewein aber nicht.

Woher also Glas für die Kirchenfenster nehmen?

Die Katastrophe für das Werk Johann Georg Fleigs bahnte sich an. Jetzt erinnerte man sich unglücklicherweise daran, daß im hintersten Rathauskeller etliche vernagelte Kisten mit wohlgeordneten Gläsern deponiert waren, von irgendeinem alten Fotografen oder so ...

Das Schicksal nahm seinen Lauf. Die Kisten wurden ans Licht geholt, geöffnet, die begehrlichen Blicke des Dekans Kühlewein und die absolut geschichtslose Denkweise eines Bürgermeisters ergaben zusammen den Entschluß, die einzigartigen Negative des kleinen Fleigle von ihrem nutzlosen Silberbromid zu befreien und als Notglas in die Kirche einzubauen. Gut, es war in der damaligen Zeit zugegebenermaßen schwierig, an Baumaterialien zu kommen, aber das war nicht allein nur in diesem Städtchen so. Und so saßen Trümmerfrauen auch bald mit Wasser, Wurzelbürsten und Seife dabei, die großartigen Negative der schönsten Schwarzwälder Fotografien des 19. Jahrhunderts abzuschaben. Dann wurden sie von dilettantischen Händen zurechtgeschnitten, um an den halbzerstörten Fenstern des Langhauses den Wind notdürftig draußen zu halten.

Und so kam das Licht durch die Fleigle-Platten wieder in die Kirche hinein und beleuchtete den alten Hornberger Herrgott an seinem Kruzifix und die noch übriggebliebenen Wandmalereien aus alter Zeit. Durch die abgekratzten Fotoplatten trat das Licht wieder auf das Beste, was die Menschheit bis heute ihr eigen nennt, auf den Menschen, der sich nicht gewehrt hatte, als die Aggression und Barbarei sich gegen ihn wandte, und der am Kreuz war auch die letzte und einzige Instanz, die nach 12jähriger wüstester Menschenverachtung den Übriggebliebenen Hoffnung und Autorität schenkte.

Fleigles Werk war nun durch Dummheit und geschichtsloses Denken zerstört worden und hatte für eine Notverglasung herhalten müssen. Und so kam das Licht durch seine Negative hinein in die Kirche. Johann Georg hätte bestimmt lachen müssen, denn wenn Negative belichtet werden, wird bekanntlicherweise das Darunterliegende positiv …

Er hätte bestimmt nichts dagegen gehabt, wenn seine alten Landsleute durch seine Platten hindurch wieder ein ganz kleines Stückchen von der herrlichen Landschaft und vor allen Dingen vom Himmel sahen. Man blickte wirklich durch Fleigles mühsam belichtete und jetzt zerstörte Platten wieder hinaus in eine bessere Welt und sogar hinauf in den Himmel. Dem Johann Georg Fleig hat es bestimmt gefallen, als er von dort seine Städtlebürger zu ihm hinaufblinzeln sah.

So konnte der kleine Mann mit seinem zerstörten Werk seinen Landsleuten für kurze Zeit helfen, daß sie wieder in ihrer Stadtkirche sitzen konnten. Für kurze Zeit? Dem Dekan Kühlewein gefielen natürlich diese Flickarbeiten nicht, und schon ein halbes Jahr später wurden die Verglasungen mit der Spitzhacke beseitigt, draußen auf dem Kirchplatz zusammengekehrt und abtransportiert. Man wollte ja etwas Besseres haben, und das war wenige Monate nach dem Krieg schon wieder zu erhalten.

Und so landete Johann Georg Fleigs Vermächtnis oben mitten im Wald im Gesundbrunnen auf der ständig rauchenden Müllkippe, der ‚Hornberger Stadtmischte', wo man einen herrlichen Blick hinunter ins so friedliche Tal hat, ein Ort übrigens, von wo aus er so oft seine geliebte Heimat fotografiert hatte …

Bildteil

Persönliches von Johann Georg Fleig

Buchenberger Hochzeit.
Links vorn im Bild steht der kleine Johann Georg Fleig
neben einer sitzenden Bäuerin in ihrer typischen Tracht.
Glasplattennegativ ca. 1890.

Vergrößerung aus dem Trachtenfoto von 1890.
Es zeigt den kleinen Johann Georg Fleig mit ca. 30 Jahren, stehend
zwischen seinen sitzenden Angehörigen und den Festgästen.
Schwarz-Weiß-Aufnahme, Original vom Glasnegativ aus seinem Atelier.
Offenbar hatte das Foto jemand von seinen Bekannten ‚geschossen'.
Ca. 1885.

Johann Georg Fleigs Firmenlogo.
Die verschlungenen Buchstaben finden sich nicht nur auf den Postkarten,
sondern auch auf den Uhren, den Barometern,
seinen ‚Baumstammbildern' und den Diapositiven.
Es war sein von ihm selbst entworfenes Markenzeichen.
1885 – 1907.

Ein Dokument aus Johann Georg Fleigs Nachlaß:
Seine Aufnahme in den Jerusalemverein. Johann Georg Fleig war ein
begeisterter evangelischer Christ, der mit diesem Beitritt zur
Christianisierung der fanatischen Moslems ca.s beitragen wollte.
Ca. 1880.

Der kleine Koffer beinhaltete die Utensilien, die er nach seinem Weggang
aus Hornberg im Jahr 1907 seinem Bruder in den Schloßhof in
Buchenberg zukommen ließ. Der Koffer war seit dieser Zeit ungeöffnet
im Buchenberger Heimatmuseum gewesen und beinhaltete
die Basis dieses kleinen Büchleins.

Bücher und Schriften aus dem kleinen Koffer von Johann Georg Fleig
im Buchenberger Museum.

Die Öffnung des Koffers von 1907, den Johann Georg Fleig auf den
Schloßhof in Buchenberg zurückgeschickt hatte,
heute Eigentum des Heimatmuseums Buchenberg.

Eine der drei noch vorhandenen, bereits geätzten Kupferplatten,
mit denen Johann Georg Fleig seine berühmten Postkarten drucken ließ,
hier im Negativ das ‚Säcklestrecken' dargestellt.
Original des Glasplattennegatives von Johann Georg Fleig.

Eine der noch erhaltenen Kupferplatten von Johann Georg Fleigs Hand aus seinem Nachlaß. Fertige geätzte Druckplatte nach dem Original ‚bei der Metzgerei' von Johann Georg Fleig, ca. 1890.

Die drei noch erhaltenen geätzten Kupferplatten,
die Johann Georg Fleig selbst ausführte.
Die Platten sind noch gut erhalten und stammen aus dem Jahr 1890.

299

Der Bachbur in Gutach. Gut erhaltene Druckplatte Johann Georg Fleigs
Vermächtnis aus dem Koffer im Heimatmuseum in Buchenberg.
Kupferplatte etwa von 1885.

Gut erhaltene Kupferplatte nach einer Fotografie von Johann Georg Fleig aus 1885.

Die physikalische Technik

oder

Anleitung

zur Anstellung von

physikalischen Versuchen

und zur

Herstellung von physikalischen Apparaten

mit

möglichst einfachen Mitteln.

Von

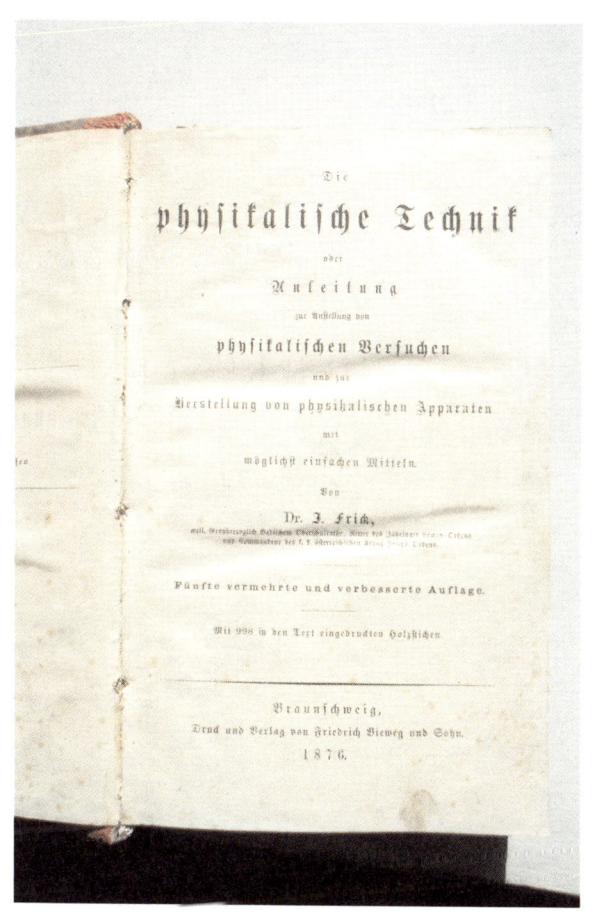

Dr. J. Frick,
vgl. Großherzoglich Badischem Oberschulrate, Ritter des Zähringer Löwen-Ordens
und Commandeur des K. K. Oesterreichischen Kaiser Franz Josephs-Ordens.

Fünfte vermehrte und verbesserte Auflage.

Mit 998 in den Text eingedruckten Holzstichen.

Braunschweig,
Druck und Verlag von Friedrich Vieweg und Sohn.
1876.

Aus Johann Georg Fleigs Bücherschrank.
Die berühmte Schrift über die Physikalische Technik
von Dr. Frick aus dem Jahre 1876.

Die

ELEKTRO-TECHNIK

in der praktischen

HEILKUNDE.

Von

Dr. Rudolf Lewandowski.

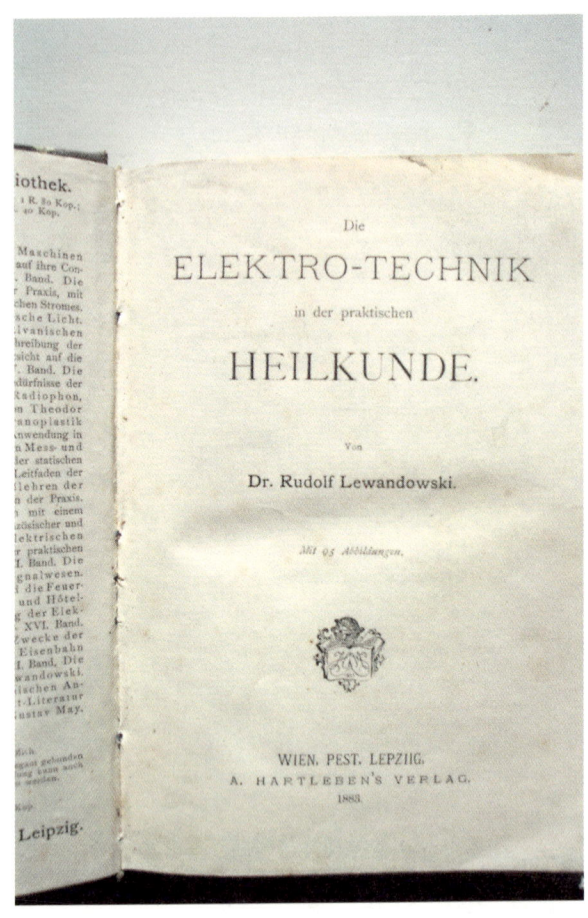

Mit 95 Abbildungen.

WIEN. PEST. LEPZIIG.
A. HARTLEBEN'S VERLAG.
1883.

Die berühmte Schrift von Dr. Rudolf Lewandowski, Elektrotechnik in der praktischen Heilkunde, interessierte Johann Georg Fleig sehr. Die Schrift von 1883 fand sich in seinem Nachlaß.

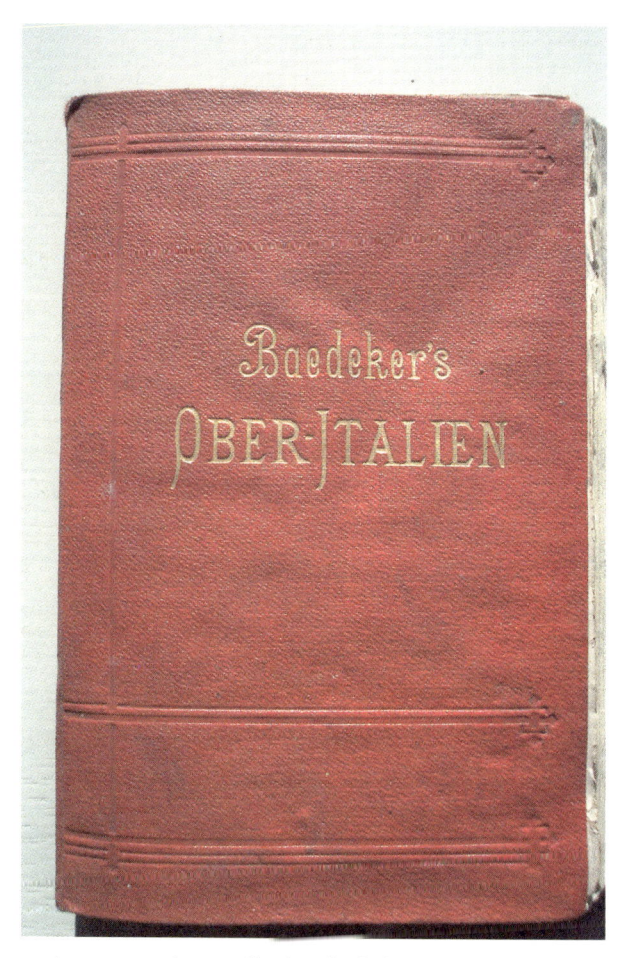

Aus Johann Georg Fleigs Koffer die Schrift, die er zuletzt benutzt hatte, nämlich den Baedeker über Oberitalien, seiner letzten Reise.

ITALIEN

HANDBUCH FÜR REISENDE

von

K. BÆDEKER

ERSTER TEIL

OBER-ITALIEN, LIGURIEN, DAS NÖRDLICHE TOSKANA

MIT 29 KARTEN, 30 PLÄNEN UND 9 GRUNDRISSEN

SECHZEHNTE AUFLAGE

LEIPZIG
VERLAG VON KARL BÆDEKER

Italien, das Handbuch für Reisende von K. Baedeker.
Johann Georg Fleig erstand sich dieses Buch vor seiner letzten Reise
mit seinem Freund Alex Jäckle.

Auszug aus dem Kirnacher Kirchenbuch.
Die beiden bekannten Vorfahren Andreas Fleig und Christina Fleig
heirateten am 30. Oktober 1788.
In der unteren Liste sind alle Kinder dieser Ehe aufgeführt.
Als 8. Kind ist Andreas Fleig, der Vater von Johann Georg genannt.

Im Jahre 1924 wurden beerdigt:

Nr.	Beerdigungszeit.	Todestag.	Vor- und Geschlechtsname, Beruf und Wohnort des Verstorbenen. (Vor- und Geschlechtsname der Eltern. Bei Verehelichten und Verwitweten Vor- und Geschlechtsname des Gatten.)	Alter.	Bemerkungen.
22	31 Mai	28 Mai	Nübin-Vasag Abro, dpl. Inger × 10/XII/1848 in Konstantinopel	35 J 5 Mo 17 T	BW Starb im Heldheim Kayßer
23	18 Juni	16 Juni	Johann Georg Fleig Hofgraf Oberweiler × 24.XI.1859 ins St. Georgen i. Bl.	64 J 6 Mo 26 T	OW Kayßer
24	19 Juni 2 Uhr	17 Juni	Fritz Albert Tumm × 14/IX/1914 V: Karl Tumm Maurer M: Lina geb. Fay	9 J 9 Mo 3 T	L Starb im Spital Kayßer
25	27 Juni	24 Juni	Emilie Wöhrlin, geb. × 26.III.1865 geboren in ... G.F.Wöhrlin ...	59 J	OW Kayßer
26	16 Juli	14 Juli	Ludwig Mark Taglöhner × 28 Dez. 1902 V: Ludwig Mark Gabweichte M: Emma geb. Bich	21 J 6 Mo 16 T	BW verunglückt in der Gießerei! Kayßer
27	19 Juli	16 Juli	Christian Maria Barb. Trautwein geb. Krafft × 14 Nov 1852 Wwe des Christian Trautwein in Oberweiler	71 J 8 Mo 2 T	OW Starb im ... Kayßer
	25	23		20 J	NW

Auszug aus dem Sterberegister der Gemeinde Badenweiler/Oberweiler aus dem Jahr 1924. Johann Georg Fleig starb am 16. Juni 1924 und wurde am 18. Juni 1924 beerdigt, 64 Jahre, 6 Monate und 26 Tage alt. Vermerkt ist auch der Pfarrer, der ihn beerdigte, der weithin bekannte Theologe und Schriftsteller Dr. Kaÿßer

Gemeinnützige

Naturgeschichte,

von

Dr. Harald Othmar Lenz,

Lehrer an der Erziehungsanstalt zu Schnepfenthal.

Dritter Band:

Amphibien. Fische. Weichthiere. Kerbthiere.
Pflanzenthiere.

Mit sechs Tafeln Abbildungen.

Gotha,
Beckersche Buchhandlung.
1836.

Aus dem Nachlaß von Johann Georg Fleigs Koffer im
Buchenberger Museum. Aus seiner Schulzeit hatte er das
Naturgeschichtsbuch bis zu seinem Weggang von Hornberg aufbewahrt
und an den Schloßhof zurückgeschickt. Das 1836 geschriebene Buch
trägt noch den Stempel der Knabenanstalt Königsfeld,
wie früher die Zinzendorfschule genannt wurde.

C.

Nr. 8

Oberweiler, am 17. Juni 1924

Vor dem unterzeichneten Standesbeamten erschien heute, der Persönlichkeit nach _____ bekannt,

die Frau Elise Sütterlin geborene Tröndle

wohnhaft in Oberweiler

und zeigte an, daß der Photograph Johann Georg Fleig

65½ Jahre alt,

wohnhaft in Oberweiler

geboren zu St. Georgen Schwarzwald

zu Oberweiler

am sechzehnten ten Juni

des Jahres tausend neunhundert vierundzwanzig

nach mittags um neunundhalb Uhr

verstorben sei. Die Anzeigende erklärte, daß sie von dem Sterbefall aus eigener Wissenschaft unterrichtet sei.

Vorgelesen, genehmigt und unterschrieben.

Elise Sütterlin geborene Tröndle

Der Standesbeamte.
Josef Paul.

Die Sterbemitteilung von Johann Georg Fleig in Oberweiler/Badenweiler.
Eine Frau Sütterlin hat den Tod gemeldet und ihr heute
95jähriger Sohn hat diese Nachricht ins Rathaus gebracht,
wie er dem Autor selbst noch bestätigte.

J.G. [stamp: BUCHENBERG]

Gemeinnützige

[stamp: J.G. FLEIG BUCKENB...]

Naturgeschichte,

von

Dr. Harald Othmar Lenz,

Lehrer an der Erziehungsanstalt zu Schnepfenthal.

[stamp: KNABEN KÖNIGSFELD ANSTALT]

Zweiter Band:

V ö g e l.

Mit acht Tafeln Abbildungen.

Gotha,
Beckersche Buchhandlung.
1835.

Johann Georgs kleine Bibliothek, die er nach seinem Weggang aus Hornberg nach Buchenberg geschickt hatte und die heute in dem Buchenberger Museum in einem alten Koffer gefunden wurde. Die Lenz'sche Naturgeschichte. Auf dem Titelblatt steht sowohl Johann Georgs Stempel aus Buchenberg als auch der Zugehörigkeitsstempel der Bibliothek der Knabenanstalt von Königsfeld.

Bürgermeisteramt   **Hornberg** (Schwarzwaldbahn)

Bürgermeisteramt der Stadt 7746 Hornberg (Schwarzwaldbahn)

Herrn
Johann H a l l e r
<u>7744 K ö n i g s f e l d</u>
Buchenberg 160

7746 HORNBERG (Schwarzwaldbahn)   28.April 1970
Postfach 47
-I/R/Ls-

<u>Betr.:</u> Fotografischer Kunstverlag J. G. Fleig, Hornberg
<u>Bezug:</u> Ihre Anfrage vom 24. April 1970

Sehr geehrter Herr Haller !

Wir nehmen Bezug auf Ihre Anfrage vom 24.4.1970 und geben Ihnen zur Kenntnis, daß das Fotogeschäft Fleig in Hornberg nicht mehr besteht.

Im Jahre 1907 übernahm der Fotograf Rudolf Mayer dieses Geschäft und wird heute von dessen Sohn Werner Mayer geführt.

Sollte sich Ihre Anfrage auf die früheren Arbeiten des Herrn Fleig beziehen, müssen wir Ihnen leider mitteilen, daß keinerlei Unterlagen mehr vorhanden sind. Die alten Fotoplatten wurden teilweise durch Kriegseinwirkung zerstört und der Rest zur notdürftigen Verglasung der evang. Kirche verwendet.

                         Mit freundlichen Grüßen

                         (Schondelmaier)

Hektographiertes Schreiben des Bürgermeisters von Hornberg, der dem Heimatforscher Johann Haller aus Buchenberg mitteilte, daß sämtliche Glasnegative von Johann Georg Fleig der Notverglasung der evangelischen Kirche nach dem Krieg zum Opfer fielen.

Hornberg.

J. G. FLEIG

empfiehlt sich in

photographischen Aufnahmen aller Art,

Landschaften, Volkstrachten etc. etc.

unter Zusicherung billiger und prompter Bedienung.

Werbung von Johann Georg Fleig im Buch von Alex Jäckle ‚Hornberg im Gutachthale' von 1890.

> **J. G. Fleig,** Conservator
>
> *Hornberg.*
>
> Ausstellung und Lager in ausgestopften
>
> **Vögeln**
>
> und anderen naturhistorischen Gegenständen.
>
> Das Ausstopfen von Tieren aller Art wird billigst und solid von Obigem besorgt.

Johann Georg Fleig bewirbt auch seine Fähigkeit als Konservator in Hornberg und weist auf sein großes Lager von ausgestopften Vögeln und anderen naturhistorischen Gegenständen hin.
Aus einem Buch über ‚Hornberg im Gutachthale' von 1890.

Photograph. Verlag von J. G. Fleig.

Bei der Reichspost.

Spezialgeschäft für Ansichtspostkarten.

En gros! Stets Eingang von Neuheiten! En detail.

Grösste Auswahl

in Ansichtskarten von Hornberg u. Umgebung sowie **Schwarzwaldkarten** aller Art.

====== Reichhaltigste 5 Pfg.-Kollektion. ======

In Sortimenten noch billiger.

Der fotografische Verlag von Johann Georg Fleig bewirbt in einer Anzeige von 1888 seine Fähigkeiten.

Verlag von
Schwarzwald-Stereoskopen
in über 500 Nummern, sowie Photographien verschiedener Art und Größe äußerst billig.

Glasbilder. **Baumstammbilder.**
Kunstblätter, Albums usw.

J. G. Fleig, photograph. Verlag.

Eine Werbung von Johann Georg Fleig für seine von ihm im Schwarzwald vertriebenen Stereoskopie-Aufnahmen, die er selbst angefertigt hatte. Auf dieser Anzeige wirbt er auch für seine ‚Baumstammbilder‘, seine von ihm entworfenen Holz-Intarsienarbeiten.

Photograph. Verlag von J. G. Fleig.

Bei der Reichspost.

Spezialgeschäft für Ansichtspostkarten.

En gros!   Stets Eingang von Neuheiten!   En detail.

Grösste Auswahl

in Ansichtskarten von Hornberg u. Umgebung sowie
Schwarzwaldkarten aller Art.

====== Reichhaltigste 5 Pfg.-Kollektion. ======

In Sortimenten noch billiger.

*Werbung von Johann Georg Fleig in einem Buch von 1880
‚Hornberg im Schwarzwalde'.*

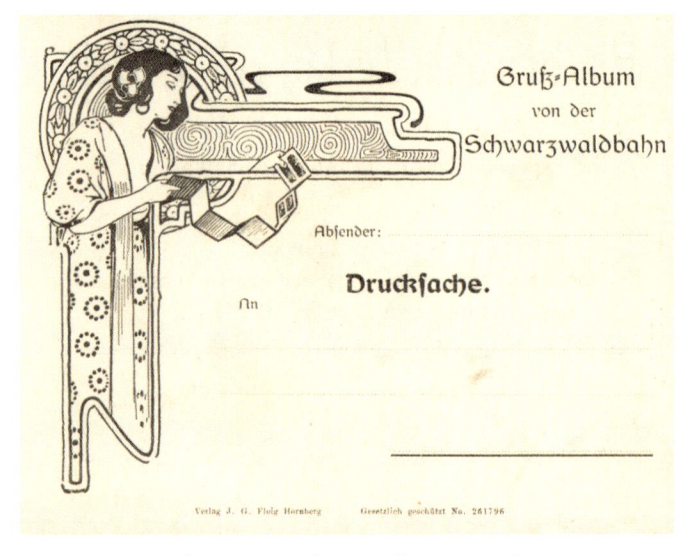

Postkarte, entworfen von Johann Georg Fleig
und hergestellt in seinem Verlag.
Hornberg 1885.

Führerkarte durch Hornberg.

Verlag: **J. G. Fleig**, Photograph.Verlag, Hornberg.
Herausgegeben von H. Wahlster, St. Johann a. Saar.
Alleiniger Herausgeber der gesetzlich geschützten „Führerkarte".
D. R. G. M. Nr. 265171 und Auslandspatente.

Johann Georg Fleigs ‚Führerkarte' durch Hornberg.
Sein Freund, der Bürgermeister Vogel, hatte ihm dieses Privileg zugeschrieben. Fleigs fotografischer Verlag war somit in der Lage, für die Werbung seiner neuen Vaterstadt die notwendigen Schriftstücke zu drucken.

Der kleine Johann Georg Fleig steht vor dem Roggenbächle
und schaut auf den neuen Schloßhof hinüber.
Eine der wenigen Fotografien, auf denen er selbst abgebildet ist. Ca. 1890.

Ein Blumenstrauß, aufgenommen von Johann Georg Fleig 1885.
Fotografie von einem Glasplattenoriginal.

Zur Technik und zu seinem Selbststudium

Der Lichtdruck

und

Die Photolithographie

von

Dr. Julius Schnauss.

6. Auflage.

Düsseldorf 1895
Ed. Liesegang's Verlag.

*Johann Georgs Fortbildungsliteratur,
die über und über mit Bemerkungen, Unterstreichungen und
Zeichen versehenen Veröffentlichungen vom damals sehr bekannten
Dr. Julius Schnauss ca. 1895*

Johann Georg Fleigs Bezugsquelle seiner Fotografie der damaligen Actien-Gesellschaft für Anilin-Fabrikation, bis heute Agfa genannt. Werbeschrift aus Johann Georgs Koffer mit der Datierung 1886.

Photograph. Verlag von J. G. Fleig.

Bei der Reichspost.

Spezialgeschäft für Ansichtspostkarten.

En gros!　Stets Eingang von Neuheiten!　En detail.

Grösste Auswahl

in Ansichtskarten von Hornberg u. Umgebung sowie
Schwarzwaldkarten aller Art.

═════ Reichhaltigste 5 Pfg.-Kollektion. ═════

In Sortimenten noch billiger.

Fortbildungsliteratur von Johann Georg Fleig, 1870 gedruckt.

Allgemeine Photographen-Zeitung.

„Offizielles Vereinsorgan" folgender Fach-Vereine:

„Süddeutscher Photographen-Verein," Sitz in München.
„Sächsischer Photographen-Bund," Sitz in Dresden.
„Sektion Dresden und Umgebung" des „Sächsischen Photographen-Bundes."
„Sektion Leipzig" des „Sächsischen Photographen-Bundes."
„Sektion Erzgebirge" des „Sächsischen Photographen-Bundes."
„Sektion Chemnitz" des „Sächsischen Photographen-Bundes."
„Thüringer Photographen-Bund," Sitz in Erfurt.
„Verein Bremer Fachphotographen," Sitz in Bremen.
„Verein photographischer Mitarbeiter, Ortsgruppe München", Sitz in München.

Verantwortlicher Redakteur:
G. H. EMMERICH, MÜNCHEN-SCHWABING.

(April 1901 — April 1902.)

MÜNCHEN.
VERLAG VON GEORG D. W. CALLWEY.

Johann Georg Fleigs abonnierte ‚Allgemeine Photographen.-Zeitung', hier ein Exemplar von 1901.

Die Kunst
des Bildformers
und Gypsgießers,
oder gründlicher Unterricht,

wie Büsten, Statuen, Vasen, Urnen, Ampeln, Consolen
oder Kragsteine, Rosetten, Laub- und Simswerk, Relief-
bilder und andere dergleichen plastische Gegenstände auf
dem Wege des Abformens und Abgießens nachzubil-
den, ingleichen wie sie zu schleifen, zu poliren, zu firnissen,
zu bronciren und zu restauriren sind.

Nebst Mittheilung

vorzüglicher Vorschriften zur Bereitung künstlichen Marmors (der
zu Tisch- und Altarblättern, Wandbekleidungen, Kamineinfassungen,
Ornamenten u. s. w. sehr gut verwendbar ist) und anderer zum
Abdrücken und Abgießen von Medaillen, Münzen, Cameen, kost-
baren Badereliefs und ähnlichen Sachen geeigneter Massen; ingleichen auch Angabe des Verfahrens, wie Kupferfiguren durch
die Galvanoplastik darzustellen sind.

Für

Künstler und Techniker, vornehmlich Architekten, Stukkateure,
Bildhauer und Gypsgießer vom Fach, sowie auch für den Unterricht in Kunst- und Baugewerkschulen.

Bearbeitet
von
Martin Weber.

Vierte vermehrte und verbesserte Auflage.

Weimar, 1878.
Bernhard Friedrich Voigt.

Johann Georg Fleigs Literatur zu seiner Konservatorentätigkeit,
gedruckt in Weimar 1878.

Die
Projections-Kunst

für

Schulen, Familien und öffentliche Vorstellungen

nebst einer

Anleitung zum Malen auf Glas

und

Beschreibung optischer, magnetischer, chemischer
und electrischer Versuche.

Neunte, vermehrte Auflage.

Mit 119 Abbildungen.

Düsseldorf.
Ed. Liesegang's Verlag
1889.

Johann Georg Fleigs Literatur zur Herstellung von Diapositiven,
eine Fertigkeit die er meisterhaft besessen hatte.
Gedruckt in Düsseldorf, 1889.

Handbuch

des

practischen

Photographen.

Von

Dr. Paul E. Liesegang,

Herausgeber des Photographischen Archivs,

Ehrenmitglied der Photographers' Association of America, des Photographic Club in London, der Unione Fotografica Italiana in Turin, der Asociacion fotografica de la Habana.

Zwölfte vermehrte Ausgabe.

Mit 215 Abbildungen.

DÜSSELDORF.

ED. LIESEGANG'S VERLAG.

1891.

In Johann Georg Fleigs Nachlaß fand sich auch das ‚Handbuch des praktischen Photographen' von damals weltbekannten Dr. Paul Liesegang, gedruckt in Düsseldorf 1891.

DER

Amateur-Photograph.

MONATSBLATT

für

Anfänger und Liebhaber der Photographie.

Herausgegeben

von

DR. PAUL E. LIESEGANG.

FÜNFTER BAND. — JAHRGANG 1891.

Düsseldorf.
Ed. Liesegang's Verlag.
1891.

Das von Johann Georg Fleig bezogene ‚Monatsblatt des Photographen‘,
herausgegeben von Dr. Paul Liesegang,
gedruckt in Düsseldorf 1891.

Johann Georgs Heimat in Buchenberg und Martinsweiler/Königsfeld

Hof bei der Ruine Waldau.
Abzug von einem Glasnegativ, 1885

Landschaft bei Buchenberg.
Glasplattennegativ-Aufnahme von 1885.

Blick durch das Roggenbächle-Tal hinüber auf die Ruine Waldau.
Beim Weiherbur, Buchenberg, Glasplattenfotografie 1885.

Triberg vom Hohnen aus gesehen.
Postkarte von 1890.

Der alte Vogtshof.
Glasplattenfotografie ca. 1885.

333

Beim Jungbauernhof in Martinsweiler.
Glasplattenfotografie ca. 1885

Der Beschenhof in Martinsweiler.
Glasplattenfotografie ca.1885.

Gasthof Zum Hirschen und Sägewerk in Schonach-Bach.
Postkarte 1889

336

Landschaft um Peterzell sowie Darstellung des Gasthauses Zum Löwen.
Postkarte ca. 1890.

Landschaft um Tennenbronn mit Miniatur des Gasthauses Zum Schützen.
Postkarte ca. 1885.

Landschaft um Tennenbronn.
Postkarte ca. 1885.

Landschaft um Gutach im Schwarzwald.
Postkarte ca. 1902.

Landschaft und Miniatur aus Niederwasser bei Hornberg.
Postkarte von 1886.

Gruss aus Lauterbach i. W.
Verlag v. J. G. Flaig, Hornberg.

Das kleine Städtchen Lauterbach oberhalb von Schramberg.
Postkarte ca. 1885.

Darstellung von Tennenbronn mit vier Miniaturen.
Der ornamentale Schmuck und insbesondere der kleine Vogel sind
‚Markenzeichen' von Johann Georg Fleig gewesen.
Postkarte ca. 1885.

Darstellung der Heimat Johann Georg Fleigs, bereits mit
Darstellung des neuen Kirchturms und des Gasthauses Zur Krone.
Der ornamentale Schmuck mit den drei Spatzen und den Blümchen
ist von Johann Georg Fleig mit eigener Hand hergestellt und als
untrügliches Markenzeichen seiner Postkarten anzusehen.
Postkarte ca. 1902.

Gasthaus Kranz, ehemals Brauerei Staiger in Burgberg.
Glasplattenfotografie ca. 1885.

Blick auf das kleine Dörfchen Gutach im Gutachtal.
Postkarte von 1890.

Postkarte von 1886, kurz nach Verfertigung des zweiten Gleises der Schwarzwaldbahn.

Landschaft um Weiler bei Königsfeld,
der Heimat Johann Georg Fleigs, mit Miniatur des Schulhauses.
Postkarte ca. 1890.

Landschaft um Hammereisenbach im badischen Schwarzwald.
Postkarte von 1885.

Kolorierte Landschaft nach einer Glasplattenfotografie aus dem Jahre 1885.
Landschaft um Hammereisenbach im Schwarzwald.

Handkolorierte Fotografie der Gutach unmittelbar neben dem
Bachbauern. Rechts die noch unbefestigte Landstraße.
Postkarte ca. 1888.

351

SCHWARZWALDLANDSCHAFT (bei Königsfeld.)

*Landschaft bei Königsfeld, im Hintergrund die Ruine Waldau,
im Vordergrund die Heimat des bekannten badischen
Heimatforschers Johann Georg Haller.
Postkarte ca. 1895*

Gruss aus Unterkirnach.

Handkolorierte Landschaftsfotografie von Unterkirnach bei Villingen.
Postkarte 1890.

St. Georgen i. Schwarzwald.
864 M. ü. d. M.

J. G. Feig, Photogr., Verlag, Hornber

Blick auf St. Georgen im Schwarzwald.
Handkolorierte Postkarte, ca. 1890.

Burg Waldau bei Königsfeld, links der Schloßhof,
die Heimat Johann Georg Fleigs.
Handkolorierte Postkarte 1882

Handkolorierte Postkarte, darstellend den Triberger Marktplatz.
Postkarte ca. 1885.

Schlosshof und Burg Waldau b. Königsfeld.

Johann Georg Fleigs Heimathof, der Schloßhof mit der Burg Waldau im Hintergrund. Die vier Bauersfrauen sind Verwandte von Johann Georg und die vorderste junge Frau ist die Urgroßnichte der Frau Kunz aus Villingen, die heute noch lebt.
Postkarte 1885

Gaststube in der alten ‚Hübele‘, Gasthaus Zum Rössle.
Die Kassettendecke wurde in das Landesmuseum Karlsruhe verbracht
und ist dort in den Kriegswirren verbrannt.
Kolorierte Fotografie auf Glasplatte ca. 1885.

Landschaft um den Stöcklewaldturm sowie des Galgens
bei der Fuchsfalle.
Postkarte von 1885.

Kolorierte Landschaft der Heimat Johann Georg Fleigs,
der Ruine Waldau.
Postkarte von 1885.

Von Johann Georg Fleig gestaltete Postkarte mit der Landschaft
bei Lauterbach mit einer Miniatur eines strumpflosen Buben
mit danebenstehendem, bekanntem Schwarzwaldlied.
Postkarte 1890

361

*Tennenbronn im Schwarzwald.
Postkarte ca. 1890.*

Beerdigung des Vaters vom ‚Kronen-Mathis'. Entstehungsjahr
während des 1. Weltkrieges.
Glasplattenfotografie ca. 1914.

363

Gruss von der Fuchsfalle

Postkarte des alten Gasthauses Zur Fuchsfalle bei Königsfeld
im Schwarzwald Gemeinde Rohrbach.
Postkarte ca. 1890.

Handkolorierte und teils nachgezeichnete Landschaft um Schonach.
Postkarte von 1890.

Das sogenannte Bickentor der freien Reichsstadt Villingen.
Glasplattenfotografie ca. 1890.

Landschaft im Oberreichenbach, in der Ferne der alte Baderhof,
der heute noch steht.
Glasplattenfotografie ca. 1895.

Vor der Wallfahrtskirche in Triberg im Schwarzwald.
Postkarte ca. 1895.

Der Triberger Wasserfall im Winter 1904.

Löwen, Gnomen, Eulen, Affen,
Liegen, lugen, grinsen, gaffen,
Mummenschanz gar wunderbar
Treibt der Frost in diesem Jahr,
Und es hält der Wasserfall
Seinen eis'gen Maskenball.

J. G. Fink, Hornberg.

Der Triberger Wasserfall im Winter. Fotomontage und Nachzeichnung von allerlei Gesichtern entsprechend dem danebenstehenden, bekannten Gedicht.
Postkarte 1904.

Die Hauptstraße in Gutach im Schwarzwald.
Postkarte ca. 1895.

BEIM GLASTRÄGER.

Handkolorierte und nachgezeichnete Postkarte bei der Glasträgerbrücke zwischen Hornberg und Triberg. Johann Georg Fleig fotografierte seinen Arbeitsplatz in der Idylle des Schwarzwaldes. Postkarte ca. 1890.

371

Die Schmalzmühle bei der Ruine Waldau.
Postkarte ca. 1895.

Die halbfertige neue Kirche von Buchenberg im Schwarzwald,
im Vordergrund die frondienenden Arbeiter.
Fotografie vom Sommer 1901.

Villingen

Das Bickentor der alten Reichsstadt Villingen.
Postkarte 1890.

Königsfeld (Totalansicht)

Landschaft bei Königsfeld.
Kolorierte Postkarte von 1890.

St. Georgen i. Schw. 864 m u. d. Meer

Blick auf St. Georgen im Schwarzwald.
Kolorierte Postkarte von 1890.

Der Bartleshof in der Gemeinde Buchenberg im Schwarzwald.
Fotografie von 1888.

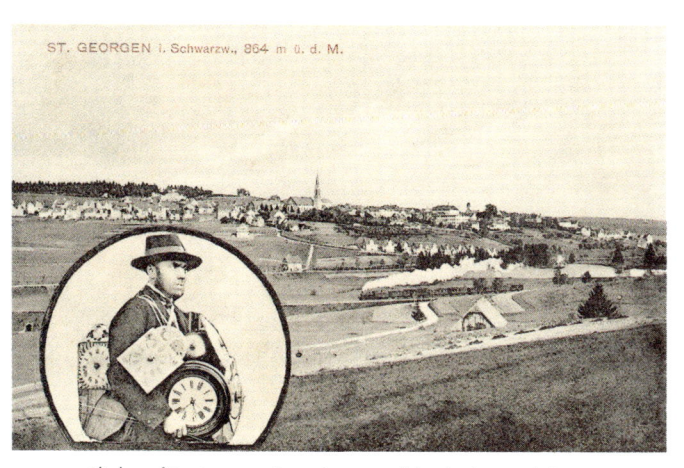

Blick auf St. Georgen im Schwarzwald mit einer Miniatur
eines Uhrenträgers.
Postkarte ca. 1890.

Beim Briefschreiben.
Kolorierte Fotografie nach Glasplattennegativ ca. 1890.

Zur Taufe

Taufe in Buchenberg. Die Patin trägt den ‚Göttlebrief' vor sich her.
Postkarte 1890

‚Wildbach'
Partie an der Wildgutach.
Glasplattenfotografie ca. 1890.

Angler am Roggenbächle.
Kolorierte Postkarte 1890

Ein Schwarzwaldhaus

Altes Schwarzwaldhaus im oberen Kinzigtal mit Schulbuben
vor den Bienenstöcken.
Postkarte ca. 1895.

Die Schlossmühle i. Buchenberg

Die Schloßmühle in Buchenberg, der benachbarte Hof
von Johann Georg Fleigs Heimat.
Postkarte ca. 1896.

Fotografie von Neustadt im Schwarzwald.
Ca. 1890.

Teilansicht von Neustadt im Schwarzwald.
Fotografie ca. 1890.

Kriegerdenkmal in Neustadt im Schwarzwald.
Fotografie ca. 1890.

Ansicht der Stadt Neustadt im Schwarzwald.
Fotografie von einem Glasnegativ 1890.

388

Schönwald im Schwarzwald.
Postkarte 1890.

Alter Bauernhof am Titisee.
Fotografie nach Glasnegativabzug von 1890.

390

Trachtenumzug im Hochschwarzwald.
Fotografie nach Glasnegativabzug von 1890.

*Stereoskopie zweier leicht versetzter Bilder von Neustadt
im Schwarzwald, am besten zu betrachten mit einem
stereo-optischen Instrument.
Fotografien von Johann Georg Fleig aus 1890.*

Die bekannten Heuschober im Murgtal.
Glasplattennegativ-Fotografie ca. 1892.

Landschaft um Hammereisenbach.
Fotografie auf Glasplatten nach einem Glasplattennegativ von 1890.

*Arbeit auf dem Feld bei Breitnau im Hochschwarzwald.
Fotografie 1890.*

Bilder und Landschaften aus Hornberg, Gutach und Umgebung

Gruss aus Hornberg.

Die Werderstraße mit der Gutachbrücke in Hornberg im Schwarzwald.
Postkarte von 1890.

Das damals sehr bekannte Hotel Post in Hornberg im Schwarzwald,
im Hintergrund noch die alte Stahlkonstruktion des Viadukts.
Postkarte 1892.

Das ‚Untere Wirtshäusle', das Gasthaus zur Krone
im Unterreichenbach bei Hornberg.
Postkarte 1894.

Fotografie von Hinterzarten.
Ca. 1890.

Gruss v. Windkopf. Wirtschaft z. deutschen Jäger von Jakob Staiger.
Herrliche Aussicht i. d. Schweizeralpen und Vogesen.

Das heute noch bestehende Gasthaus Zum Deutschen Jäger
auf dem Windkapf, damals als Windkopf beschrieben..
Fotografie von 1906.

Blick vom Reichenbachtal in das Gutachtal bei Hornberg.
Kolorierte Postkarte 1890

Landschaft von Hornberg, kleine Medaillons mit den typischen Trachten
und dem Bachbauernhof. Dekor von Johann Georg Fleig.
Postkarte 1890

Landschaft um Hornberg mit Darstellung der Gutachbrücke sowie des Gasthauses Zum Löwen. Floraler Dekor von Johann Georg Fleig. Postkarte 1890.

Ein Steinklopfer bei Hornberg.
Handkolorierte Postkarte von 1890.

Schwarzwald-Idyll.

Der Adenbauer im Offenbachtal bei Hornberg im Schwarzwald.
Postkarte 1890

Fotografie des Karlsteins und des Gasthauses Zur Schönen Aussicht.
Die Schwalbe am oberen Bildrand sowie der ornamentale und florale
Schmuck stammen aus der Hand Johann Georg Fleigs.
Fotografie 1890.

Schloss Hornberg mit Hôtel, v. Offenbachtal gesehen.

Schloß Hornberg mit Hotel, vom Offenbachtal aus gesehen.
Kolorierte Fotografie 1895.

Blick auf Niederwasser und die eingleisige Bahnstrecke,
kleines Medaillon mit floralem Dekor und Schriftzügen, ca. 1889.

408

Das ‚Untere Wirtshäusle' im unteren Reichenbachtal.
Handkolorierte Fotografie ca. 1890.

Blick vom Rebberg auf Hornberg mit kleinem Medaillon
der Bahnhofsrestauration.
Postkarte 1902.

Hornberg, der Blick ins Gutachtal vom Schloß aus.
Postkarte 1889.

Blick auf den Steinbis. Im Vordergrund die beiden fertiggestellten Gleise.
Der Dreibahnenblick der eben neu eröffneten Schwarzwaldbahn.
Fotografie nach Glasplattennegativ nach 1889.

Die Kappel-Gutachbrücke an der Bahnstrecke
zwischen Neustadt und Löffingen.
Fotografie ca. 1890.

Landschaft um Neustadt im Schwarzwald
Fotografie 1890.

Viehmarkt auf dem Hornberger evangelischen Kirchplatz.
Glasplattenabzug 1885.

415

Landschaft bei Lenzkirch im Schwarzwald.
Fotografie ca. 1890.

Stimmung im Schloßwald.
Fotografie nach einem Glasplattenabzug ca. 1890.

Alter, strohgedeckter Bauernhof aus dem Gutachtal.
Kolorierte Postkarte ca. 1890,
besonders weicher Kupferdruck eines anderen Verlags

Hornberg, vom Westen.
Postkarte ca. 1890.

419

Hornberg, Werderstraße.
Kolorierte Postkarte 1890

„Feierabend". (Bei Königsfeld).

Feierabend (bei Königsfeld). Im Hintergrund die Ruine Waldau.
Im Vordergrund von der Arbeit heimkehrender Bauersmann, der Vater
des bekannten Heimatpflegers Johann Haller aus Buchenberg.
Postkarte 1890

Blick ins Gutachtal – die Schwarzwaldbahn.
Idealisierte kolorierte Postkarte mit idealisiertem Dreibahnenblick. 1888.

Arbeit vor dem Bauernhaus im oberen Stockwald.
Handkolorierte Postkarte 1885.

423

Blick vom Rebberg auf Hornberg, noch mit dem alten Stahlviadukt.
Fotografie nach einem Glasplattennegativ vor 1890.

Blick auf Hornberg vom Rebberg aus mit kleinem Medaillon
einer Reichenbacherin mit Schäppel.
Handkolorierte Postkarte vor 1890.

Das Feldberg-Hotel.
Fotografie um die Jahrhundertwende.

Ansichten von Hornberg im Schwarzwald mit Miniaturen.
Schrift und Ornamente ebenfalls durch den fotografischen Verlag
Johann Georg Fleig, vor 1890.

Die Freiburger Altstadt mit dem Münster
und dem alten Turm von St. Martin,
den Pfarrer H. Hansjakob erbauen ließ. Im 2. Weltkrieg zerstört.
Fotografie 1890

Hornberg von Westen aus gesehen mit der damals
neuen katholischen Kirche.
Handkolorierte Postkarte nach 1889.

Hornberg, Partie am Kanal, der Gewerbebach ist heute zugeschüttet.
Handkolorierte Postkarte ca. 1889.

Der Kirchplatz in Hornberg.
Schwarz-Weiß-Fotografie nach Glasplattennegativ ca. 1885.

Ziegenherde im Schwarzwald.
Kolorierte Postkarte ca. 1885.

Hornberg im Schwarzwald, Gutach-Bachbett und Leimattestraße.
Schwarz-Weiß-Postkarte ca. 1895.

Der Marktplatz von Hornberg im Schwarzwald.
Schwarz-Weiß-Postkarte 1890.

Am Bahnhof in Titisee-Neustadt im Schwarzwald.
Schwarz-Weiß-Fotografie ca. 1890.

Blick vom Schloßberg auf Hornberg mit dem alten Viadukt.
Fotografie auf Glasplattennegativ vor 1889.

Offenburg (Marktplatz).
Handkolorierte Postkarte ca. 1890.

437

Blick vom hinteren Rebberggelände auf Hornberg mit dem
alten Viadukt und den noch bestehenden Schloßgebäuden,
im Vordergrund das Krankenhaus von 1880.
Kolorierte Fotografie ca. 1885.

Blick auf das Städtchen Hornberg im Schwarzwald.
Kolorierte Schwarz-Weiß-Fotografie ca. 1889.

Der ‚Vierte Bauer' in Niederwasser unmittelbar unter
der neuen Bahnstrecke.
Fotografie von 1890.

Blick vom hinteren Rebberg auf Hornberg.
Fotografie ca. 1890.

441

Ein Bauernhaus im Gutachtal

Altes Bauernhaus im Gutachtal
Fotografie 1886

Blick von Westen nach Hornberg.
Kolorierte Fotografie von 1890.

443

Longinuskreuz und Trachtenträgerinnen bei Breitnau.
Glasplattenfotografie ca. 1890.

Blick von der heutigen Hausensteinstraße,
damals noch Felder und Wiesen auf das Städtchen Hornberg.
Kolorierte Fotografie ca. 1890.

Blick von den Feldern oberhalb der Bahnlinie auf das verschneite Hornberg, im Hintergrund die Horn'sche Fabrik und der Burgberg. Kolorierte Fotografie ca. 1890.

*Idylle an der Leimatte in Hornberg.
Fotografie ca. 1890.*

Der Marktplatz mit dem Marktbrunnen
und dem Hotel Bären und dem gegenüberliegenden,
heute noch bestehenden Gasthaus Adler in Hornberg.
Kolorierte Fotografie ca. 1890.

Hammereisenbach.
Fotografie ca. 1885.

Blick auf die Gutach und die stählerne Löwenbrücke
in Hornberg im Schwarzwald.
Fotografie vor 1888.

Blick vom Bühl auf die Talsohle von Hornberg, oben das Schloß.
Kolorierte Fotografie ca. 1890.

Blick auf das Schloßhotel und die angrenzenden Gebäude
samt dem alten Bergfried in Hornberg.
Kolorierte Fotografie ca. 1890.

Alte Dorfwirtschaft in einem badischen Städtchen.
Fotografie ca. 1890.

453

Die obere Werderstraße in Hornberg.
Kolorierte Fotografie 1890.

Der Viehabtrieb beim Hasenbauer im Offenbachtal.
Kolorierte Fotografie ca. 1890.

Alter Bauernhof mit Tenneneinfahrt und Forellenteich.
Kolorierte Fotografie ca. 1895.

Leimatte und Gutach-Bachbett samt der alten evangelischen Kirche.
Kolorierte Fotografie ca. 1895.

457

Postkarte, betitelt: Schwarzwälder Bauernhof.
Es handelt sich um den Feiertaghof in Hornberg-Niederwasser
mit einem alten Longinuskreuz.
Kolorierte Postkarte vor 1885.

Vor dem Steinadeshof zwischen Hornberg und Gutach im Schwarzwald.
Fotografie ca. 1895.

Blick auf den Hof und die Hotelanlage des Schloßhotels
samt dem alten Bergfried in Hornberg.
Fotografie ca. 1890.

Blick auf das Schloßhotel von den westlichen Gärten.
Fotografie ca. 1890.

Beim Ziegenhüten oberhalb des Dörfchens Niederwasser.
Kolorierte Fotografie ca. 1890.

Kolorierte Fotografie der Gengenbacher Kirche
und der alten Klostergebäude.
Ca. 1890.

Bauernhaus mit Steinbiskapelle in Gremmelsbach.
Fotografie 1890.

Steinbiskapelle mit Schwarzwaldbahn im Hintergrund.
Fotografie ca. 1890.

Viehauftrieb im oberen Gutachtal.
Fotografie ca. 1890.

An der Glasträgerbrücke.
Fotografie vor 1890.

Glasträgerbrücke mit Dampflokomotive.
Fotografie vor 1890.

Schwarzwaldhäuser, an der Landstraße von Gutach nach Hornberg.
Kolorierte Postkarte ca. 1895.

469

Gruss aus Schönwald.

Schönwald.
Kolorierte Postkarte ca. 1890.

Hinter der alten evangelischen Kirche in Gutach bei der ‚Bruckhäse'.
Fotografie 1888.

Littenweilermer Tal.
Fotografie ca. 1890

Schloß Ortenberg b. Offenburg

Abbildung Schloß Ortenberg bei Offenburg.
Kolorierte Fotografie ca. 1895.

Haslach im Kinzigtal.
Kolorierte Fotografie ca. 1890.

Gengenbach m. Kinzigbrücke

Gengenbach mit Kinzigbrücke.
Kolorierte Fotografie vor 1890.

Wasserfall
b. Triberg

Triberger Wasserfall bei Triberg.
Fotografie ca. 1880.

Schloß Hornberg.
Den Gebäuden nach ist die Fotografie vor 1890 anzunehmen.

Die Schwarzwaldbahn (Die 3 Linien b. Bachjörg)

Die Schwarzwaldbahn mit dem sogenannten Dreibahnenblick
zwischen Hornberg und Triberg.
Fotografie nach 1880.

Die Schwarzwaldbahn
(Blick auf die Bahn mit Gutachtal)

Dreibahnenblick vom Steinbis aus.
Fotografie nach 1884.

Triberg (Totalansicht)

Triberg.
Kolorierte Fotografie ca. 1890.

Gasthaus zur Krone in Reichenbach b. Hornberg

Das ‚Untere Wirtshäusle' zwischen Hornberg und Oberreichenbach.
Kolorierte Postkarte vor 1890.

„Herbststimmung."

Jäger im Niedergießtal. Johann Georg Fleig nannte es ‚Herbststimmung'.
Kolorierte Postkarte ca. 1885.

Altes Schwarzwaldhaus im Gutachtal.
Kolorierte Postkarte 1890.

‚Waldesstille' im oberen Offenbachtal.
Kolorierte Postkarte 1895.

Wälderhaus in Schonach. Handelsmann mit Krätze.
Kolorierte Fotografie 1895.

‚Mühle im Schwarzwald', Oberreichenbach.
Fotografie vor 1890.

Altes Schwarzwaldhaus

‚Altes Schwarzwaldhaus' im Oberreichenbach.
Fotografie vor 1890.

487

Bei der Feldarbeit im oberen Gutachtal.
Handkolorierte Postkarte vor 1890.

‚Im Gutachtal' beim Bachbauer.
Kolorierte Postkarte ca. 1885.

Im oberen Kinzigtal.
Kolorierte Postkarte ca. 1887.

Gutachtäler Bauernhaus.
Kolorierte Postkarte ca. 1890.

‚Im Heuen' oberhalb des Dörfchens Gutach,
im Hintergrund die Eisenbahn.
Kolorierte Postkarte ca. 1890.

‚Schwarzwaldhaus' oberhalb des
‚Unteren Wirtshäusles' im Reichenbacher Tal.
Schwarz-Weiß-Fotografie nach Glasplattennegativ ca. 1890.

„Im grünen Tannenwald"
„Willkommen mein Wald, grünschattiges Haus!
Durch alle Wipfel schon hallt mir dein grüssend Gebraus!"

J. G. Fleig, Photogr. Kunstverl., Homberg. Ser. D. Nr. 7.

‚Im grünen Tannenwald'.
Schwarz-Weiß-Postkarte mit Widmung nach 1895.

Die alte Hammerschmiede in Gutach.
Fotografie vor 1890.

"Winterlandschaft". (Bei Hornberg).

‚Winterlandschaft' (bei Hornberg). Talstraße an der Gutach
zwischen Hornberg und Gutach.
Postkarte ca. 1895.

‚Trauliche Gesellschaft' (im Gutachtal).
Kolorierte Postkarte ca. 1890.

‚Gruß aus dem Schwarzwald, Abend im Schwarzwälder Bauernhause'.
Postkarte, signiert und datiert 1897.

Der Marktplatz in Hornberg.
Kolorierte Farbfotografie 1890.

*Hornberg im Schwarzwald, Blick vom oberen Rebberg.
In einer Miniatur kolorierte Tracht des oberen
Reichenbaches mit Schäppel.
Kolorierte Postkarte, teils nachgezeichnet, vor 1890.*

Hornberg, großherzogliches Finanzamt.
Fotografie vor 1890.

Blick vom Bühl auf den Schloßberg.
Schwarz-Weiß-Fotografie mit mehreren Retuschen vor 1890.

Am Gewerbebach in Hornberg.
Kolorierte Postkarte vor 1890.

Blick vom Rebberg auf das alte Viadukt und Hornberg.
In einer Miniatur Darstellung des ‚neuen' Krankenhauses.
Floraler Schmuck von Johann Georg Fleig.
Postkarte vor 1890.

Hornberg, das Rettungshaus, unterteilt in ‚Knabenhaus'
und ‚Mädchenhaus'.
Kolorierte Postkarte ca. 1888.

Blick vom Frombach auf die Burgruine Hornberg und die Südstadt.
Postkarte 1890.

506

‚Schwarzwald-Idille'. Alte Mühle.
Kolorierte Schwarz-Weiß-Fotografie vor 1880.

507

*Die Bühlstraße in Hornberg im Schwarzwald.
Postkarte 1890.*

Straßenzug in Hornberg im Schwarzwald.
Postkarte 1890.

‚Gruß aus Hornberg'. Werderstraße in Hornberg.
Kolorierte Fotografie 1890.

Das Gasthaus Zum Mohren, der ‚Bahnhof Reichenbachs'.
Fotografie 1890.

Die Schwarzwaldbahn über der alten Eisenbahnbrücke.
Kolorierte Postkarte vor 1884.

Blick vom Hornberger Schloß auf die Steingutfabrik.
Postkarte vor 1890.

Gutach, Hauptstraße.
Postkarte 1890.

Hornberg, Hauptstraße.
Postkarte vor 1888.

,Gruß aus Hornberg', Marktplatz.
Fotografie vor 1888.

‚Gruß aus Hornberg', in der unteren Hauptstraße.
Postkarte vor 1890.

Hornberg, städtische Turnhalle.
Fotografie vom Bahnhof aus, ca. 1885.

Hornberg, Hauptstraße.
Postkarte ca. 1890.

Waldspaziergang.
Kolorierte Fotografie in Medaillonform, signiert 1885.

Hornberg von Norden her.
Kolorierte Postkarte vor 1890.

‚Die Schwarzwaldbahn – Glasträger-Viadukt' (eingleisige Strecke). Kolorierte Postkarte ca. 1885.

Dörfliches Gasthaus im Gutachtal.
Aufgrund des Motorwagens im Hintergrund wohl erst nach 1900.
Postkarte nach 1900.

Blick von der Südseite auf den Burgberg
und die Gutachbrücke samt dem Gasthaus Rössle.
Fotografie nach 1890.

‚Kinderspielmannszug' in der Leimatte in Hornberg.
Fotografie nach einer alten Glasplatte vor 1890.

Pferdefuhrwerk vor dem neuen katholischen Pfarrhaus
und der katholischen Kirche.
Der Bergfried im Hintergrund, Hornberg Ende der 90er Jahre
des vorletzten Jahrhunderts.
Fotografie.

Markttreiben in Hornberg.
Fotografie 1890.

Blick von Norden auf den Städtchenausgang
mit der neuen katholischen Kirche und dem Bergfried.
Fotografie wohl nach 1889.

Blick vom Schloßberg auf das alte Viadukt
und das im Bau befindliche neue Schulhaus.
Glasplattenfotografie um 1900.

Blick von Süden auf die Werderstraße und die neue Bahnhofstraße.
Zweigleisige Bahnführung, daher Fotografie nach 1885.

Blick auf das neue Schulhaus und das Städtchen Hornberg
samt dem Schloßberg.
Fotografie ca. 1890.

Blick von oberhalb des Bahnhofs auf die neue zweigleisige Eisenbahn
und das darunterliegende Städtchen
Fotografie nach 1884.

Hornberg, Blick auf die obere Werderstraße.
Johann Georg Fleigs Haus befindet sich
links der abgebildeten Pferdekutsche.
Fotografie ca. 1890.

Alter Bauernhof am Schluchsee.
Fotografie nach 1884.

Der Hasenbauer vor seinem prächtigen Hof beim Angeln im Offenbach.
Fotografie ca. 1895.

535

Der malerische Hasenbauernhof im Offenbachtal.
Die beiden kleinen Mädchen im Vordergrund sind die Urgroßeltern
des heutigen Bauern.
Fotografie ca. 1895.

Vor dem Hasenbauernhof.
Fotografie ca. 1895.

Aufnahme vom hinteren Rebberg auf das vordere Reichenbachtal.
Die alte Stahlkonstruktion des Viaduktes hatte Johann Georg Fleig
mehrmals fotografiert.
Fotografie nach 1884.

‚Schwarzwaldidyll bei Gutach'.
Kupferdruck, Entstehungsjahr 1885, unsigniert,
vermutlich von Johann Georg Fleig.

'Die Post im Walde'.
Meisterhafte Schwarz-Weiß-Fotografie eines bewegten Objektes
mit sehr langer Belichtungszeit.
Schwarz-Weiß-Glasplattennegativ-Fotografie ca. 1885.

‚Eingang ins Ravennatal'.
Kolorierte Postkarte mit mehreren Retuschen und Fotomontagen
ca. 1880.

541

‚Gruß aus Tiefenstein im Alpthale'.
Miniaturen des Dörfchens Tiefenstein sowie des Straßentunnels
im Alpthale. In ganz typischer Weise sitzen auf den Fotografien
kleine Schwalben oder fliegen um das Bild.
Die florale Dekoration stammt ebenfalls in typischer Weise
von Johann Georg Fleig.
Fotografie ca. 1885.

‚Gruß aus Schonach'.
Die beiden Miniaturbilder auf der Postkarte werden eingerahmt
von fliegenden und sitzenden Schwalben sowie von reichem floralem
Dekor aus der Hand von Johann Georg Fleig, ca. 1885.

'Gottes Segen zum Neuen Jahre'.
Winterliche Landschaft mit fotomontiertem Rehbock
sowie Amseln und Schwalben am oberen Bildrand
und zahlreiche Tannenzapfen und Reisigzweige.
Der tief religiöse Johann Georg Fleig kommt hier zu Wort.
Grußkarte 1899.

Schwarzwälder Handwerk und Brauchtum

Am Milchhäusle.
Postkarte ca. 1890.

Beim Schnapsbrennen.
Fotografie 1890.

546

„Die gute alte Zeit." (Abend in einem Schwarzwälder Bauernhause beim Kienfeuer)

‚Die gute alte Zeit'.
(Abend in einem Schwarzwälder Bauernhause beim Kienfeuer.)
Postkarte und Nachretuschierung ca. 1890.

Rast im Schwarzwald, wohl bei den Triberger Wasserfällen.
Fotografie ca. 1885.

Eine ‚Schappel-Hochzeit' bei Peterzell.
Kolorierte Postkarte ca. 1885.

*Einer der letzten Uhrenträger aus der Waldau bei Königsfeld.
Mehrfach bearbeitete kolorierte Postkarte ca. 1880.*

Die ‚alte Adelheid' in Triberg.
Postkarte ca. 1890.

‚Pflüger im Schwarzwald'. Landschaftsfotografie bei Buchenberg.
Kolorierte Postkarte ca. 1884.

Das Säcklestrecken.
Kolorierte Postkarte ca. 1890.

‚Pflüger im Schwarzwald'.
Im Hintergrund die bergwärts fahrende Eisenbahn.
Die Wälder sind ganz stark nach oben verdrängt und durch steile Felder ersetzt.
Entstanden ist das Bild ca. 1885 oberhalb von Gutach.

,Gruß aus dem Schwarzwald'.
Dargestellt ist der ‚Dritte Bauer' oberhalb Hornbergs
und eine Trachtengruppe aus dem oberen Gutachtal.
Die beiden Schwalben auf den Bildern mit den Katzen auf dem
Blumendekor sind typisch für Johann Georg Fleigs
künstlerische Verbesserung seiner Postkarten.
Ca. 1890.

Ein Schwarzwaldhaus.
Kolorierte Fotografie ca. 1890.

Einer der letzten Uhrenträger im Schwarzwald vor ‚Klausners Häusle'.
Kolorierte Postkarte ca. 1885.

557

‚Auf einem Schwarzwälder Bauernhof'.
Kolorierte Postkarte mit mehreren Retuschen und Idealisierungen
ca. 1895.

‚In den Heidelbeeren'.
Kolorierte Postkarte ca. 1890.

‚Altes Schwarzwaldhaus' aus dem oberen Gutachtal.
Kolorierte Postkarte ca. 1885.

«Ringel-Ringel-Reihn»

‚Ringel-Reihen'. Die fünf Kinder sind die ‚Weiherhof-Kinder',
von Johann Georg Fleig mit den Trachten so ausstaffiert und danach
in einer Fotomontage angeordnet.
Kolorierte Postkarte 1885.

561

Der Flachsbau. Wohl gestellte Szene.
Kolorierte Farbpostkarte von 1885.

Der Flachsbau (auf dem Webstuhl).
Kolorierte, mehrfach überarbeitete Postkarte ca. 1885.

‚Der Flachsbau'.
Kolorierte Postkartenserie von 1890.

‚Fischen und Krebsen'. Die Szene stammt aus dem Roggenbächle
in Johann Georg Fleigs Heimat nahe dem Schloßhof.
Der Bub mit dem Krebs ist der Vater des Heimatforschers
Johann Haller aus Buchenberg.
Kolorierte Postkarte 1890.

Hammerschmiedewerk, Gutach.
Fotografie ca. 1895.

‚In den Heidelbeeren'.
Fotografie ca. 1885.

Beim Rodeln, Triberg.
Fotografie ca. 1895.

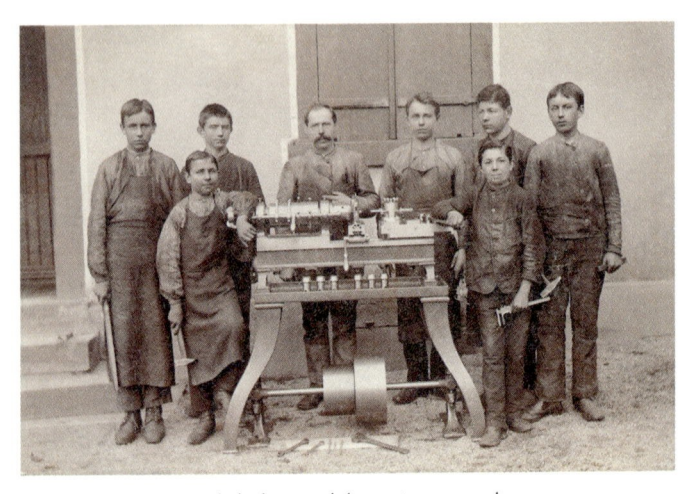

Die Lehrbuben und ihr Meister, Hornberg.
Fotografie ca. 1895.

Bei der Feldarbeit in Gutach.
Fotografie ca. 1895.

Bei der Ernte.
Fotografie ca. 1895.

Beim Seilermeister.
Fotografie ca. 1895.

Die Hütebuben, Gutach.
Fotografie ca. 1895.

Ernte (im Gutachtal).
Schwarz-Weiß-Fotografie auf Postkarte, ca. 1895.

Das Schlachtfest.
Kolorierte Postkarte, wohl aus Buchenberg, ca. 1895.

Der Flachsbau (das Hecheln).
Kolorierte Postkarte ca. 1895.

Beim ‚Schwarmfassen' im Gutachtal.
Postkarte 1896.

‚In den Kartoffeln'. Gutach im Gutachtal, oberhalb des Dorfes,
im Hintergrund die Schwarzwaldbahn.
Postkarte ca. 1898.

‚Beim Maler'. Gutach.
Postkarte mit Fotomontagen und mehreren Retuschen ca. 1895.

‚Beim Wellen-Machen'.
Postkarte 1898.

Bei der Kartoffelernte im oberen Gutachtal.
Postkarte 1896.

Bauernhochzeit im Schwarzwald, in Gutach auf der neuen Eisenbrücke,
in Hintergrund die ‚Bruckhäse'.
Kolorierte Postkarte nach 1898 (Bau der Eisenbrücke).

Auf der Weide.
Postkarte ca. 1890.

583

Beim Zuber-Reinigen im Gutachtal.
Kolorierte Postkarte ca. 1890.

In der Spinnstube auf dem Schloßhof in Buchenberg.
Links auf dem Bild der Bruder von Johann Georg Fleig.
Glasplattennegativ-Fotografie 1880.

‚Hochzeitspaar im Kinzigtal'.
Farbige kolorierte Postkarte aus dem Gutachtal ca. 1885.

‚Am Hochfirst'.
Ein äußerst stimmungsvolles Bild der Holzfäller mit kleineren Retuschen.
Fotografie mit Glasplattennegativ 1885, später Schwarz-Weiß-Postkarte.

Schwarzwälder Trachten

‚Das Brautschmücken'. Szene aus Buchenberg.
Schwarz-Weiß-Fotografie ca. 1880.

Trachten im oberen Gutachtal,
wohl Reichenbach oder St. Georgen – Tennenbronn.
Kolorierte Postkarte ca. 1895.

‚Spitzfelsen' bei Hornberg, Tracht von Gutach.
Fotomontage einer Fotografie auf Postkarte ca. 1900.

Volkstracht von St. Georgen.
Postkarte ca. 1890.

591

‚Volkstracht im Gutachthale', im Brautschmuck – im Sonntagsstaat.
Kolorierte Postkarte mit floraler Dekoration von Johann Georg Fleig
ca. 1895.

‚Bei Sang und Klang'.
Fotomontage von Johann Georg Fleig ca. 1890.

Zwei Schwarzwälder Rekruten. ‚Lieb Vaterland magst ruhig sein, fest steht und treu die Wacht am Rhein.'
Fotomontage und nachfolgende Kolorierung ca. 1895.

„Auf dem Kirchgang'.
Reproduktion einer Fotografie von Johann Georg Fleig
in einer großen Heimatzeitschrift. 1895.

Johann Georg Fleigs Aufnahmeversuch des Deutschen Kaisers Wilhelm II.
Der Kaiser steht vor der Donaueschinger Schloßkirche und Hut
und langem Mantel. Am Eingang Ordonnanzoffiziere.
Begrüßung des Fürsten von Fürstenberg durch Wilhelm II.
Donaueschingen 1895.

‚Gruß aus dem Schwarzwald'.
Trachtenminiaturen aus dem Gutachtal und aus St. Georgen.
Florale Ornamente, eine Schwalbe und eine Biene
umfliegen die Miniaturen. 1890.

Trachtenmedaillons. Florale Dekoration durch Johann Georg Fleig. 1895.

Brautjungfern im Elztal.
Fotografie 1895.

Trachtenträgerin an der Gutacher Brücke,
im Hintergrund die alte Dorfkirche.
Fotografie 1898.

Von Johann Georg Fleig gemaltes Diapositiv. Darstellung einer ruhenden Beduinengruppe wohl am Jordan.

Schäppel Trägerin aus Buchenberg. Kunstvolle Kolorierung.
Postkarte mit eigener Signatur des Johann Georg Fleig und seines Verlages
1895.

Trachtenumzug mit Musik, Gutach.
Fotografie 1895.

*Schäppel-Trägerinnen in St. Georgen – Königsfeld.
Postkarte 1895.*

Nach einer Beerdigung Versammlung der Trauergäste
vor der Linde in Gutach.
Fotografie 1897.

Trachtenumzug in Gutach im Schwarzwald.
Fotografie um 1898.

‚Schwarzwälder Bauernhochzeit'. Die Trachten stammen aus St. Georgen. Kolorierte Postkarte 1895.

‚Tracht von St. Georgen, Begegnung am Brunnen'.
Kolorierte Postkarte 1895.

Volkstracht von Nordrach im Schwarzwald.
Kolorierte Postkarte ca. 1896.

‚Volkstracht von Nordrach im Schwarzwald'.
Kolorierte Postkarte ca. 1896.

Brautpaar im Gutachtal.
Kolorierte Postkarte 1895.

Gutacherin im Hochzeitsschmuck.
Postkarte 1890.

‚Taufe im Schwarzwald'.
Die Taufgesellschaft steht auf der alten hölzernen Gutachbrücke.
Fotomontage eines strohgedeckten Hauses rechts.
Wohl vor 1885 in Gutach.

Dorfgasse im Schwarzwald.
Kolorierte Postkarte mit mehreren Retuschen und Fotomontagen,
Gutach, ca. 1890.

Hotel Rössle – Unterkirnach. – Grand duché de Bade. –

Chère mademoiselle, nous vous prions de croire qu'ici comme en France, comme partout nous pensons à vous avec affection, respect, et reconnaissance. Andrée Schützenberger

‚Volkstracht im Gutachthal'. An der eisernen ‚neuen' Gutachbrücke.
Fotomontage zweier Gutacherinnen im Vordergrund, nach 1890.

Schwarzwaldtrachten.
Miniaturen der verschiedenen Trachten im mittleren Schwarzwald.
Postkartenmontage ca. 1898.

‚In der Schule'
Johann Georg Fleig fotografierte die Weiherhofkinder in Buchenberg.
Glasplattenfotografie und kolorierte Postkarte 1895

Glas- Dias, Hinterglasbilder

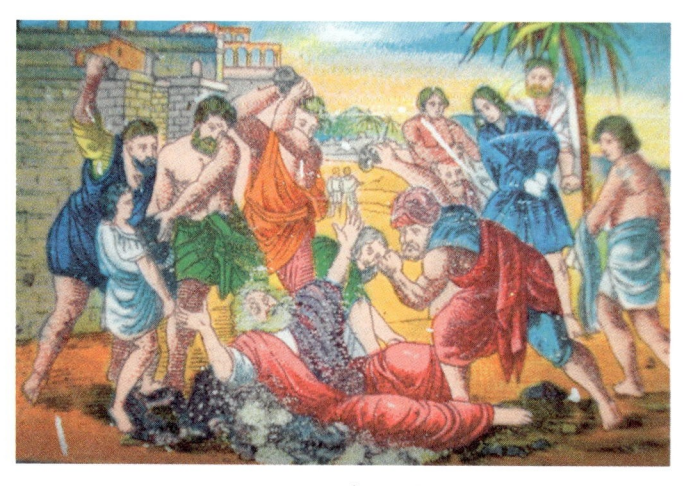

Die Steinigung des Stephanus.
Auf Glas gemaltes Diapositiv, hergestellt von Johann Georg Fleig,
um 1895, aus dem Nachlaß in Buchenberg.

Jesus vor dem ‚Hohen Rat'.
Auf Glas gemaltes Diapositiv aus dem Nachlaß Johann Georg Fleigs
im Heimatmuseum in Buchenberg, 1895.

Himmelfahrt Christi.
Von Johann Georg Fleig auf Glas gemalte Diapositive 1897.

Kreuzigungsszene.
Auf Glasplatte gemalte biblische Szene 1895.

Der Stall von Bethlehem, die Heiligen Drei Könige sowie die
Engelserscheinung vor den Hirten.
Auf Glas gemaltes Diapositiv 1895.

Die Verklärung Jesu auf dem Berg Tabor.
Auf Glas gemaltes Diapositiv 1895.

‚Lasset die Kleinen zu mir kommen'.
Auf Glas gemaltes Diapositiv 1895.

Baumstammbilder

Die von Johann Georg Fleig so genannten ‚Baumstammbilder'
mit Schwarzwaldszenen. Es handelt sich um feine Intarsienarbeiten
auf einfachem, dünnem Holz, aufgelegt mit verschiedenen Holzspänen
aus der Vogel'schen Holzschliffabrik zwischen 1890 und 1905.

‚Baumstammbild' des Johann Georg Fleig.
Intarsienarbeit zwischen 1890 und 1905.

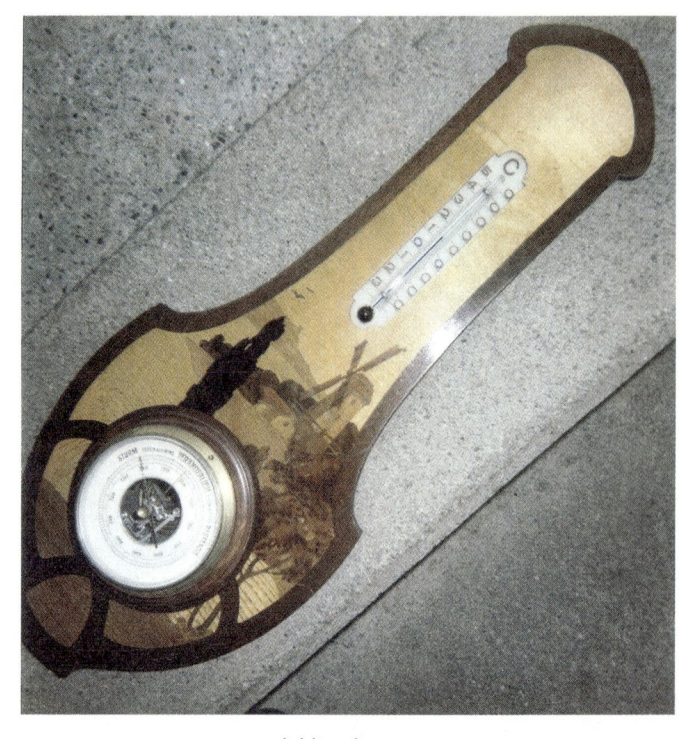

‚Baumstammbild' auf einer Wetterstation
des Uhrmachers Wilhelm Lehnis aus Hornberg.
Vom Kunstverlag Johann Georg Fleig stammen die
feinen Intarsienarbeiten zwischen 1890 und 1905.

Kleine Schwarzwälder Uhr aus der Manufaktur
der Gebrüder Lehnis in Hornberg.
Von Johann Georg Fleig wissen wir, daß er die Intarsienarbeiten herstellte.

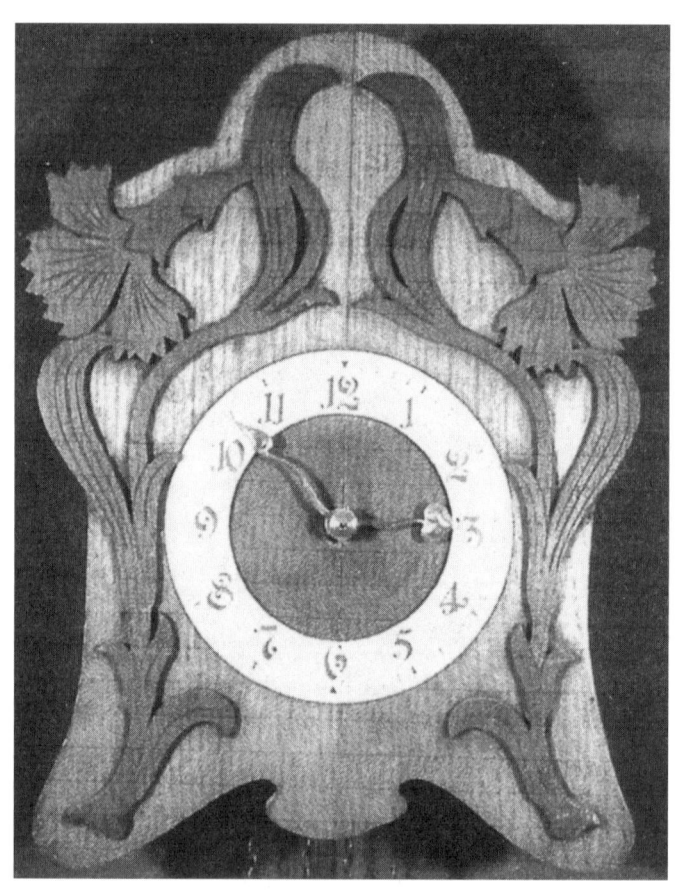

Kleine Schwarzwalduhr, ebenfalls aus der Hornberger Uhrenmanufaktur.
Die ‚Baumstammbilder' besorgte der Verlag von Johann Georg Fleig.

Johann Georgs Reisen

- Bodensee
- Säckingen
- Venedig

Das Münster in Konstanz über der Altstadt.
Stereo-Fotografie von ca. 1890.

Die alte Hegaustadt Engen.
Fotografie ca. 1895.

Friedrichshafen, vom Wasser aus gesehen
Glasplattennegativ-Aufnahme ca. 1890.

Das Innere des Freiburger Münsters. Meisterhafte Fotografie des Innenraums des Freiburger Münsters im natürlichen Licht. Glasplattennegativ-Fotografie 1890.

Das Auslaufen der ‚Hohentwiel' aus dem Konstanzer Hafen.
Fotografie mit Glasplattennegativ ca. 1885.

Das Konzil, St. Stephan und das Münster
samt den Raddampfern im Konstanzer Hafen.
Fotografie vom Glasplattennegativ ca. 1895.

Der kleine ‚Gundelehafen' vor dem Konstanzer Konzil.
Glasplattennegativ-Fotografie 1895.

Das alte Konstanzer Schnetztor, von der Schweizer Seite aus gesehen.
Fotografie nach Glasplattennegativ ca. 1895.

Das alte Littenweilermer Tal, noch weitgehend unbesiedelt
wie aus den Erzählungen von Heinrich Hansjakob ‚In der Kartaus'.
Glasplattennegativ-Bild 1895.

Feldarbeit auf der Insel Reichenau,
im Hintergrund das Mittelzeller Münster.
Glasplattennegativ-Fotografie ca. 1895.

Die Konstanzer Rheinbrücke, von der Seestraßenseite aus gesehen.
Glasplattennegativ Fotografie ca. 1895.

Meisterhafte Aufnahme der Innenseite
der gedeckten alten Rheinbrücke in Säckingen.
Glasplattennegativ-Fotografie ca. 1905.

Ansicht von Donaueschingen.
Postkarte mit Retuschierungen ca. 1905.

Engen mit Hohenhöwen.
Retuschierte Postkarte, Glasplattennegativ-Fotografie 1905.

Hohenkrähen.
Mehrfach retuschierte Glasplattennegativ-Fotografie ca. 1905.

Meisterhafte Aufnahme des Canale grande von Johann Georg Fleig
auf seiner letzten Reise mit seinem Freund Dr. Alex Jäckle.
Glasplatten-Fotografie ca. 1914.

Der Markusplatz.
Aufnahme mit der hölzernen Kamera mit langer Belichtungszeit
bei seiner letzten Reise mit Dr. Alex Jäckle 1914.

Das letzte uns bekannte Bild von Johann Georg Fleig:
Eine Totenbarke zwischen dem Markusplatz und der Isola Giudecca.
Sinnvollerweise das letzte Bild des kleinen Genies, Venedig 1914.
Eine meisterhafte Aufnahme.

Verlagsübersicht

Von demselben Autor bereits erschienen

1. Original – Fälschung?
Bildgebende Verfahren bei der Diagnostik von Kunstwerken
Schnetztor-Verlag, Konstanz, 1990,
ISBN 3-87018-080-3

2. Der Untergang der Templer
Größter Justizmord des Mittelalters?
Herder-Verlag, Freiburg, Barcelona, Rom, 1992,
ISBN 3-451-04575-3

3. Die Geschichte der Angiographie
Verlag Schwarzwälder Chronik, Hornberg, 1992,
ISBN 3-82018-0114-1

4. Wiederaufbereitung?
Untersuchungen zur Wiederverwendung von Kathetern, Führungsdrähten und Angioendoskopen
Schnetztor-Verlag, Konstanz, 1993,
ISBN 3-87018-101-X

5. Percutaneous Transluminal Angioscopy
Springer-Verlag, ISBN 3-540-51066-4, Berlin, Heidelberg, New York, 1993
Springer-Verlag, ISBN 0-387-51066-4, New York, Berlin, Heidelberg, 1993

6. Potential Reuse?
Study of the Reuse of Catheters, Guide-wires and Angioscopes
Schnetztor-Verlag, Konstanz, 1993,
ISBN 3-87018-114-1

7. La Fine dei Templari
Un Feroce sterminio in Nome de la Legalità
Piemme Edizioni S.p.A., Turin, 1994, sec. ediz. 2004

8. Angiographie der Hand
Diagnostik und Therapie
Springer-Verlag, Heidelberg, 1994, ISBN 3-540-57890-0

9. El fin de los Templarios
Ediciones Península, Barcelona, 1996,
ISBN 84-8307-466-4

10. Röntgenstrahlen in der Archäologie
Schnetztor-Verlag, Konstanz, 1996,
ISBN 3-87018-123-0

11. Unter Kelch und Spinne
Konstanzer Geschichten aus der Jugend
Clio-Verlag, Konstanz, 1997, ISBN 3-00-001651-1

12. Im Schatten des Münsterturms
Clio-Verlag, Konstanz, 1998, ISBN 3-00-003723-3

13. Beck, A., Effenberger, F.: 3D-Computertomographie
Lehrbuch der Anwendung von drei-dimensionalen Techniken in der Computertomographie (vergriffen)
Clio-Verlag, Konstanz, 1998

14. Wunder in der Medizin?
Eine wissenschaftliche Untersuchung zu Wunderberichten in der Heilkunde. Studienausgabe (vergriffen)
Clio-Verlag, Konstanz, 1998

15. Anathema – Irrwege der Theologie
Einige Therapievorschläge (vergriffen)
Clio-Verlag, Konstanz, 1998

16. Vincent A. Beck: Welttraumreise
Clio-Verlag, Konstanz, 1999, ISBN 3-00-004719-0

17. Rom schickt keine Legionen mehr
Clio-Verlag, Konstanz, 1999, ISBN 3-00-002361-5

18. Andreas Grüntzig – Eine Idee verändert die Medizin
Clio-Verlag, Konstanz, 1999, ISBN 3-00-004720-4

19. Die Blechschachtel
Erzählungen aus der Medizin
Clio-Verlag, Konstanz, 2000, ISBN 3-00-006452-4

20. Regentage
Schwarzwaldnovellen
ClioVerlag, Konstanz, 2003, ISBN 3-00-006453-2

21. Herbstblätter
Schwarzwaldnovellen
Clio-Verlag, Konstanz, 2003, ISBN 3-00-010561-1

22. Des Seligen Suso unheilige Schüler
Konstanzer Geschichten
Clio-Verlag, Konstanz, 2003, ISBN 3-00-011946-9

23. Wunderheilungen in der Medizin?
Eine wissenschaftliche Untersuchung zu Wunderberichten in der Heilkunde – 2. stark erweiterte Auflage
Clio-Verlag, Konstanz, 2004, ISBN 3-00-013287-2

24. Nachtgespräche
Erzählungen aus dem Schwarzwald
Clio-Verlag, Konstanz, 2004, ISBN 3-00-013285-6

25. Banfi und Belfki
Schwarzwaldnovellen
Clio-Verlag, Konstanz, 2004, ISBN 3-00-013286-4

26. Portugal
Über wundersame Wege
Clio-Verlag, Konstanz, 2005, ISBN 3-00-016927-X

27. Spanische Wege
Eine Externitas
Clio-Verlag, Konstanz, 2005, ISBN 3-00-016928-8

28. Johann Georg Fleig
Über ein Schwarzwälder Genie
Clio-Verlag, Konstanz, 2005, ISBN 3-00-017812-0

ISBN 3-87018-080-3

ISBN 3-87018-123-0

ISBN 3-82018-0114-1

ISBN 3-00-004720-4

Unter Kelch und Spinne
Konstanzer Geschichten aus der Schulzeit
von Andreas Beck
ISBN 3-00-001651-1

Rom schickt keine Legionen mehr
Andreas Beck
Clio-Verlag Konstanz
ISBN 3-00-002361-5

IM SCHATTEN DES MÜNSTERTURMS
Andreas Beck
Clio-Verlag Konstanz
ISBN 3-00-003723-3

Der Untergang der Templer
Größter Justizmord des Mittelalters?
Andreas Beck
ISBN 3-451-04575-3

ISBN 3-00-004719-0

ISBN 3-00-002670-3

ISBN 3-00-006452-4

ISBN 3-00-010560-3

Andreas Beck — Regentage — Schwarzwaldnovellen
Clio-Verlag Konstanz
ISBN 3-00-006453-2

Andreas Beck — HERBSTBLÄTTER — Schwarzwaldnovellen
Clio-Verlag Konstanz
ISBN 3-00-010561-1

Andreas Beck *Banfi und Belfki* Schwarzwälder Originale Schwarzwaldnovellen Clio-Verlag Konstanz ISBN 3-00-013286-4	 **Andreas Beck** *Nachtgespräche* Erzählung aus dem Schwarzwald Clio-Verlag Konstanz ISBN 3-00-013285-6
 **Andreas Beck** *Portugal* Über wundersame Wege Clio-Verlag Konstanz ISBN 3-00-016927-X	 **Andreas Beck** *Spanische Wege* Eine Externitas Clio-Verlag Konstanz ISBN 3-00-016928-8